古韵新姿：
文化创意产品设计的创新研究

姜潇硕 ◎ 著

中国戏剧出版社
CHINA THEATRE PRESS

图书在版编目（CIP）数据

古韵新姿：文化创意产品设计的创新研究 / 姜潇硕著. -- 北京：中国戏剧出版社，2024.11
ISBN 978-7-104-05447-4

Ⅰ．①古… Ⅱ．①姜… Ⅲ．①文化产品－产品设计－研究 Ⅳ．①G124

中国国家版本馆CIP数据核字（2023）第244701号

古韵新姿：文化创意产品设计的创新研究

责任编辑：邢俊华
责任印制：冯志强

出版发行	中国戏剧出版社
出 版 人	樊国宾
社　　址	北京市西城区天宁寺前街2号国家音乐产业基地L座
邮　　编	100055
网　　址	www.theatrebook.cn
电　　话	010-63385980（总编室）　010-63381560（发行部）
传　　真	010-63381560

读者服务：010-63381560
邮购地址：北京市西城区天宁寺前街2号国家音乐产业基地L座

印　刷	天津和萱印刷有限公司
开　本	787mm×1092mm　1/16
印　张	11.25
字　数	196千字
版　次	2024年11月　北京第1版第1次印刷
书　号	ISBN 978-7-104-05447-4
定　价	72.00元

版权专有，违者必究；如有质量问题，请与出版社联系调换。

前　言

回望历史，我们追根溯源，从汉字语义来解读文创。"文"本义为符，上古之时，符文一体，依类象形；"创"本为"刃"字，本义为用刀劈斫，后演变为前驱先路，"刃"后变为"创"，引申为开始做、开创之意。"文""创"二字结合，可以归纳为文化的创意之路。徜徉在历史长廊之中，中国文创产品在自然与社会创新、进化的同时，受到外国的影响，渐渐成其今貌，不断传承由华夏风土孕育出的风格。

今天，我们对文化创意产品的情感认知及与其相关的用户体验正在快速转变。传统的观念和工具被取代、淘汰，新的思维和产品也不断经历变革重构，文化创意产品在移动互联网时代变得越来越常见，成为人们日常消费的必需品之一。如此这般急剧的变化，在中国历史上未曾有过。随着近代产业的发展与所谓西式生活方式的引进，人们对于文化的意识也逐渐变化，直至今日仍未停止。

观望未来，文创产品不只是器皿，还给人带来视觉的享受和心灵的喜悦，人们也因此对其产生眷恋，从而产生丰富的心灵活动。文创与音乐，绘画、雕塑等艺术形态会产生融合与交互，它们都是人类丰富的心灵活动的产物。创造文创的人，体验文创的人，以及围绕着这些人的社会，这些元素有序地交互，就形成了文化。随着社会结构渐趋复杂，高度的文明开始产生，文创成为文化的条件也逐渐苛刻。科技的发展，使得文创体验从实物推进至虚拟，到未来，也许多维度空间乃至宇宙空间，都会成为人们体验文创产品的场所。因此，本书所研究的问题就是有关文化创意产品的设计与创新的相关内容。

随着经济发展，文化领域的需求正呈现出多样化的趋势。人们对文化产品的品质也日益苛求。文化创意产品作为一类代表性的文化附属品，正在逐渐受到更多人的关注，且以飞快的速度覆盖人们生活的方方面面。为了加速文化创意产品在设计和其他领域的发展，我们需要对它们进行深入研究，以充分释放其发展潜力。通过不断提高外在和内在的独特性，我们可以创造高附加值的产品，吸引人们的注意并为人们的生活增色添彩。

通过市场实际分析可以发现，部分文创品牌没有像传统品牌那样受到限制，它们更多地关注于为设计师提供创新灵感，以及提供切实生活周边所需的商品，如服装、餐具、文具、玩具和家具装饰等。尽管这些产品将文化与创意融合在了图案、材料和工艺中，但这并不代表文化创意产业已经达到了巅峰，完全可以不再进行创新。与此相反的是，我们需要跳出当前的审美限制，或者从传统文化中寻找新的元素，以独特的艺术审美和深厚的内涵赋予消费者更为理想的情感享受，从而获得更广泛的市场和更加广阔的发展机会。文化创意产业源于文化资源与创新能力的结合，文创产品则是由设计师经过深思熟虑、富有创意并经过制作加工而成的创意内容和载体相结合的产品。文创产品设计师需要从多个方面入手，包括文化、民族、宗教和地域等，深入研究和挖掘典型的文化元素和特色，巧妙地融入产品的设计和制作中，以达到多重表达创意、文化和内涵的目标。文创产品不同于一般的文化产品，它更注重设计和创意，并强调了文化性的内容。因此，文创产品能够满足消费者的实用和精神需求。特别是文创产品所具备的文化特点，可以给消费者带来心灵上的慰藉和寄托，同时满足他们的审美要求，引发情感共鸣。这正是文创产品的重要作用和意义所在。

不管在哪个时代，文化创意设计都反映了当时的社会现象。从这个意义上讲，它可以说是时代和文化的结晶。在这样的去实物化体验过程中，人们在虚拟的空间中会消耗掉更多的碎片化时间。我们应该如何认识不断格式化和不断更新的文创设计呢？

本书是对文化创意产品的设计与创新进行研究，并以此为立意，旨在使文化创意产品在传承传统文化的过程中还能够跟得上时代的发展，与时俱进。在撰写本书的过程中，作者得到了许多专家学者的帮助和指导，参考了大量的学术文献，如《非遗元素在文创产品中的应用》《文创产品设计的情感表达》《文化创意产品开发》等，在此表示真诚的感谢！限于作者水平有限，加之时间仓促，本书难免存在一些疏漏，在此，恳请同行专家和读者朋友批评指正！

姜潇硕

2023 年 11 月

目 录

前 言 ……………………………………………………………………………… 001

第一章 文化创意产品概述 …………………………………………………… 001
    第一节 文化创意产品的内涵与背景 …………………………………… 002
    第二节 文化创意产品的分类与构成要素 ……………………………… 006
    第三节 文化创意产品的特征 …………………………………………… 016

第二章 文化创意产品设计概述 ……………………………………………… 021
    第一节 文化创意产品设计的原则 ……………………………………… 022
    第二节 文化创意产品设计的方法 ……………………………………… 028
    第三节 文化创意产品设计的流程 ……………………………………… 034

第三章 文化创意产品设计中的文化与创意分析 …………………………… 066
    第一节 文化创意产品设计中的文化传承理念 ………………………… 067
    第二节 文化创意产品设计中的多种文化元素 ………………………… 069
    第三节 文化创意产品设计中的创意思维模式 ………………………… 071

第四章 文化创意产品设计创新 ……………………………………………… 097
    第一节 文化创意产品常用设计技巧与创新举措 ……………………… 098
    第二节 文化创意产品设计中新元素、新技术的应用 ………………… 106

第五章　中国传统文化与文化创意产品设计的融合 ……… 120
第一节　传统工艺与文创产品设计的融合 ……… 121
第二节　古代文学与文创产品设计的融合 ……… 134
第三节　民俗文化与文创产品设计的融合 ……… 140

第六章　中华传统文化相关的文化创意产品设计实际案例 ……… 148
第一节　沈阳故宫的满族服饰文创产品设计 ……… 149
第二节　荆州博物馆的"楚文化"文创产品设计 ……… 155
第三节　景德镇陶瓷文创产品设计 ……… 159
第四节　河南豫剧脸谱文创产品设计 ……… 162

参考文献 ……… 167

第一章
文化创意产品概述

当今,随着创意产业这一新兴行业的蓬勃发展,以其为基础的文化创意产品,已成为推动我国经济增长的一种重要力量。文化创意产品将会融入我们的日常生活中,给我们以新颖的、有创意的设计和丰厚的文化内涵。本章对文化创意产品作了概述,并从文化创意产品的内涵和背景、文化创意产品的分类和构成要素、文化创意产品的特点三个方面对文化创意产品进行了简单的介绍。

第一节　文化创意产品的内涵与背景

一、文化创意产品的内涵

文化创意产品是以创意理念为核心，以设计者的智慧和能力，用富有创意的方法，对文化资源进行创新和升华，并将其与产品进行精妙的融合，最后将其转化为既有商品价值又有较高文化附加值的产品。在此基础上，本文提出了一种新的概念——"文化"与"创意"。创造性是指一种产品以其极富个性、新奇的外形、实用功能而引起人们的关注；而文化就是一种产品，它可以向人们的精神层次传达出的信息，它可以满足人们对精神文化的需要，从而提高人们的素质和文化素养。

创意指的是一种具有创造性思维的能力，它指的是一种能够创造出一种产品的能力，通过巧妙的概念和独到的思想，可以让一款产品变得更有原创性，让它的造型更加新颖，还可以满足人们对功能的需要。设计者通过创造性的思考方法和制作方法，可以制作出外形美观、功能齐全、符合人们的个性要求的产品。创新的设计让一件商品变得更加有吸引力，它能提高一件商品的附加值，让一件商品从同类型商品中脱颖而出，用创新的设计和卓越的技术质量来吸引目标顾客，同时还能抢占商品定价的主动地位，为一件商品的品牌运营和宣传奠定坚实的基础。

在漫长的历史长河中，文化作为一个国家的一种精神表现，具有鲜明的时代特色。文化是由知识、信仰、艺术、道德、法律、习俗，以及人类从社会中获得的各种东西的能力和习惯组成的一个复杂的整体。由于所处的地理环境、社会体制、宗教信仰等方面的原因，各民族都会产生自己独特的文化。一个民族的历史越长，它的文化内涵就越深刻，它所表现出来的文化精神就越强大，它的民族性也就越突出。文化是人类历史遗留下来的最珍贵的财富，我们要充分发挥这些文化资源的优势，学习外国的成功经验，开发出有中国特色的文化创意产品，使我国的商品走向世界，向世界展示中国的优秀文化，为弘扬传统文化、传承经典文化、促进经济和文化的交流作贡献。

在文化创意产品的设计中，创意和文化是最主要的两个因素，两者紧密相关，缺一不可，互为补充。创造性的设计给产品以全新的外貌，使产品富有个性、前卫时尚；而文化是给产品注入了精神，使其充溢着丰富的文化内涵，彰显着浓浓的人情味。传统的文化同样也要通过创新的手段和现代的语言，才能把文化的精华和广博表现出来，只有把创新和文化有机地结合起来，才能设计出能够满足市场需要的文化创意产品。

二、各国文化创意产品的背景

要更好地认识文化创意产品，就必须先认识它所处的时代背景，即文化创意产业。文化创意产业指的是以创作、创造、创新为基本手段，将文化和创意作为其核心理念的产业集群，它凸显了"生产性服务业"的特性，着重强调了以创新人才为基础，利用文化创意来提升其产品附加值。通俗地讲，文化创意产业就是将源自文化的灵感、点子、才艺等应用于创意方法，结合现代科技，设计生产出新的产品来满足消费者的需求所形成的产业集群。文化创意产业能够在当下得以高速发展的原因主要在于以下两点。

第一，随着欧美发达国家工业化的完成，社会物质生产极大地满足了消费者的需求，人们的需求逐渐由物质、理性、生理层面向精神、感性、心理层面转换。诚如人本主义哲学家马斯洛所言，人的需求分为生理需求、安全健康需求、情感需求、自尊需求，以及自我实现的需求等。而文化创意产业也正是在这样的背景下不失时机地为消费者创造文化创意产品，来提供这种感性需求的满足和体验。文化创意产品正是对消费者感性需求及精神层面需求的一种满足，是产品创意的高级阶段。

第二，19世纪60年代的反主流文化冲击带来大规模的社会运动，各式各样的亚文化、流行文化、社会思潮等风起云涌，给传统工业社会的审美、情趣、文化认知等带来了强大的冲击，社会开始重视差异与个性的解放，并鼓励发挥个人创造力。欧美国家的文化创意产业也正是在这种大环境下，才得以快速发展起来，迎接了一个全新的、充满活力的世界。每一个国家、每一个民族都有其特有的文化历史，只有这些民族特有的文化创意产品，才能引领产业集群的创新，提高产业质量，增强市场竞争力。因此，我们应更多地投资本地的文化创意产业，以避免受到其他行业的冲击。以欧美国家为代表，韩国和日本等国家的文化创意产业也在这一领域取得了长足的进步，并掀起了一股"日韩文化热潮"。

在这样的背景下，世界各国以其特有的自然物产、历史文化传统、社会文化价值等，给文化创意产业赋予了不同的内涵，进而表现出了各自的文化价值特征。

（一）英国

在英国，文化创意产业被表征为"创意产业"，突出"创意"这一核心概念，使其"保守绅士"的国家形象成功向"创意先锋"转型。

在英国，创意产业的定义包含了以下四个方面的含义：第一，创意产业以人为主体，而非原料和机械，其最重要的资产是人的智慧、技术和灵感；第二，创造性产业的经济效益源于创造性的个体；第三，创意工业生产出来的产品，并非都是有形的，而是有一些特殊的服务，可以让我们去触动，去取悦我们；第四，创意产业将知识产权和创新有机地结合起来，创造出一种既有创意又有创新的产品和服务，这使得英国的文化和创意产业成为世界上的一个标杆。

（二）美国

与英国沿用的"创意产业"相比，美国则采用"版权产业"。早在1990年，美国国际知识产权联盟（IIPA）已利用"版权产业"的概念来衡量这一特定产业对美国整体经济的贡献。IIPA将版权产业分为四个部分，即核心、部分、发行、版权关系。2004年，美国采用由世界知识产业组织（WIPO）界定的四种版权产业分类，即核心版权产业、交叉产业、部分版权产业、边缘支撑产业，美国的这种定义主要是对文化创意产业中的创意成果进行相关的保护，并使其能够获得相应的经济价值。

（三）北欧各国

丹麦、芬兰、冰岛、瑞典和挪威五个国家，通常被人们称为"北欧"。在长期的发展过程中，这五个国家的文化创意产品逐渐形成比较统一的、独具魅力的风格。它们以贴近自然、传统手工艺、功能美学等文化特征成就着北欧的设计，并将其运用在与"家"相关的主题设计中，北欧传统文化特征被体现得淋漓尽致。简洁、朴实的材料所营造的温暖氛围，其实是对一种极端气候的自然反应和对自然的热爱。北欧五国地处偏远，交通不便，信息闭塞，长期以来形成了自给自足的经济模式，使高超的手工艺和以强调功能为主的设计理念得以完整保留。设计师们将这种简洁、朴实的风格和独特的材料文化渗透到人们生活的方方面面，形成了一种大众都能接受的具有实用价值的"简约主义"风格。进入信息时代后，更多的新材料与新技术也驱使设计师们尝试将传统与现代进行衔接、追求更具个性特征的北欧设计。

（四）意大利

意大利的文化创意产业，注重为生产企业，尤其是为传统手工工艺提供服务，由此产生了诸如家具、灯饰、服装、厨具、器皿等优秀的产品。意大利的设计在世界上具有举足轻重的地位，一是因为设计师在意大利国内及世界上，提供了高质量、令人满意的日用商品，二是因为这些商品并不只是为了满足人们的生活需要而设计，在其功能与外形之外，往往还有更多更深层次的含义。意大利历史悠久，文化底蕴深厚，在审美、造型等方面培养出了极强的洞察力，而意大利独特的气候、天然景观又激发了意大利人的创作灵感。

（五）日本

无论20世纪的日本文化受西方文化影响有多么深刻，许多传统的日本美学概念依然传承到了现在，且提供了一个与过去联结的纽带和一种强烈的文化沿袭感，这使得日本尽管在工业化进程中与西方接轨，并超越了西方，但其精神世界仍具有相对独立的特点，呈现出"和魂洋才"的混合形态。日本的文化创意产业具有自己的特色，可分为三种类型，即内容型、休闲型、时尚型。动漫产业在日本文化创意产业中发展得最为突出，这种发展模式也体现出了日本特有的民族文化，在以内容为主的动漫产业的带动之下，动漫周边的产业也得到长足的发展，从而将日本文化创意从荧屏带到了消费者的身边并形成了产业链。

（六）韩国

韩国在1998年首次提出"设计韩国"战略，并在此基础上进行了几年的实践，使得韩国制造业得到了很大的发展，一批世界著名品牌的生产企业涌现出来，实现了韩国由以传统制造业为主导的工业化到以创新为导向的现代化。在我国由"制造大国"转向"创造大国"的过程中，韩国发展文化创意产业的成功经验尤其值得我们借鉴。

（七）中国

我国的文化创意产业尚未形成全国性的共识，一大批城市的文化创意产业发展薄弱，严重影响了整个国家的文化创意产业发展。我国的文化资源十分丰富，但是因为缺少优秀的创新人才，使得许多资源没有得到有效的开发，与世界先进国家相比仍有较大的差距，因此，对于文化创意产业的研究和开发也亟待加强。

第二节 文化创意产品的分类与构成要素

　　文创产品实际上是一个相对宽泛的概念，学术界和工业界对它的含义和外延都没有明确的定义。在这本书中，对于文创产品的研究，主要是以美术设计专业的设计实践为基础，对于文创产品的分类，也是从美术设计的视角来考虑的。根据产品的设计对象分类、根据产品的材料和工艺分类、根据产品的市场需求分类和根据产品的功能分类。

一、文化创意产品的分类

（一）基于产品的设计对象分类

1. 旅游纪念品

　　当前，旅游纪念品的概念还没有一个明确的界定，国内外一些学者把它划分成了广义与狭义两种类型。在广义上，文化旅游产品指的是对可以满足人们的文化感受和精神消费的娱乐休闲、自然风光、风景名胜等旅游资源而创造出来的一系列旅游活动产品。狭义上的"文化旅游产品"，是指由旅游者在旅行中消费而产生的具有地域特色、民族特色的精美、便携的礼品。有句话说，旅游纪念品是一座城市的名片，具有很高的收藏和欣赏价值。一般的旅游纪念品都是以博物馆、景区等为主题，以文化创意为主题的文化创意产品。

　　北京故宫博物院是中国博物馆文化产品发展的一个"标杆"，其文化产品收益大幅增长。单霁翔曾是故宫博物院院长，他还说，今后故宫博物院的文化创意将由"数量增长"向"质量提升"转变。可以这么说，博物馆已经在不知不觉中进入了我们的生活。

2. 娱乐艺术衍生品

　　艺术衍生品，指的是以艺术品的艺术价值、审美价值、经济价值和精神价值为基础而衍生出来的一系列商品。艺术衍生品从艺术品自身出发，但对艺术品的自主性、个性和不可复制性等特性进行了改造，使其变成了一种可以大批量生产的、有审美价值的一般商品。而这里提到的娱乐艺术衍生品，主要指的是以影视娱乐、艺术家作品、动漫 IP 等为基础，所衍生出来的文创产品。

2015 年，一部名为《西游记之大圣归来》的动画电影周边产品日销售额达到了千万元人民币，这成为国内影视周边产品日销售额的新纪录，而且还仅仅是推出的第一日销售额，2015 年也因此被看成是中国影视衍生品产业化的元年。2016 年，影视产业衍生品市场迎来了井喷式增长，互联网影业的进入正在开创着衍生品市场的新局面。由此开始，衍生品的销售渠道不断被拓宽、销售种类也获得了前所未有的增长。

在腾讯 UP2018 大会上，腾讯提出了"新文创"的概念，"新文创"是"泛娱乐"的升级，更强调 IP 的文化价值，以及文化价值与产业价值的良性互动。在这样的生态里，影视是文化表达最有利的途径，基于传统文化或者中国文化符号的 IP 演绎显得尤其重要，同时这也给影视娱乐衍生产品设计带来了新的发展机遇。

3. 生活美学产品

生命美学是一种以"美即生活"为核心的美学，它注重对美的回归，将生活体验与审美过程相结合，从感性的角度去认识、分析美的感觉。这是对"日常生活的审美化"最好的理论阐释，也是当代美学向生活渗透的终极方向。生活审美产品，就是将自己对于生活的感悟，融入生活中的每一个细微之处，从而创造出一种美丽的，乃至能引领人们生活方式的产品。就像乔布斯说过的那样："在我们推出一款产品之前，顾客不会意识到他们想要的是什么。"

以"90 后"为代表的"新一代"，受网络与全球化的冲击，已成为一股"反消费"的力量，他们追求的是 DIY、环境保护与极简主义的消费理念，并由此产生出一种生活审美。这是一种注重消费体验、以群体关系为纽带、追求个性、追求快乐的新消费观念，除了实用之外，还会对最终的商品做出美学评判，更会关心商品的制作过程和生产者。但是，在网络时代，人们对于生活审美的消费往往不是出于自身的经历，而仅仅是为了追求某种趋势，从而产生了一种"虚假的生活审美"。

中国传统生活美学产品致力于传承和弘扬儒释道文化、茶道、花道和香道等中国传统的生活方式和工艺制作方法。生活美学产品是一种对生活方式和创造方式的表达，其中包含着深刻的含义、仪式感，以及制作者在其中倾注的心血。

4. 活动与展会文创

根据展览、研讨会、庆祝活动、博览会、运动会等大型活动所设计出来的产品，就可以称之为活动与展会文创，这些产品有相对较高的纪念价值，但基于时间限制并不会持续生产和销售。

5. 企业与品牌文创

根据企业文化、品牌文化等创作而来的产品可以称之为企业与品牌文创，目前最常见的品牌之间的合作模式就是品牌联名，其主要用于展示和丰富企业文化、商务礼品馈赠、互联网话题营销等。如旺仔与国潮品牌塔卡 TYAKASH 发布联名款，旺旺集团把一系列经典、传统和民族化的东西变成新潮的、特色的和大众化的，通过可爱、调皮的形象拉近消费者距离，进一步使品牌年轻化。

（二）基于产品的材料工艺分类

物品由材料构成，材料是构成一切物品的基础，它可以是自然物也可以是人造物。设计师需要了解不同材料的特点，同时运用形式美学原则，让不同材料的美学特征和艺术表现力得以充分展现，并相互衬托，以达到产品形态、色彩和材质的完美统一。在文化创意产品的设计中，研究材料的应用主要是考虑不同材料所带来的情感体验的丰富性。由此可知，将产品设计中常用的材料分类，可以帮助设计师和消费者更全面地了解和认知各种材质的特性。

1. 陶瓷类

在我们的日常生活中，陶瓷是我们最常接触的材料之一，人们将其称为"土与火的艺术"。这种材料是人类最早使用的非天然材料之一。由于陶瓷具有高刚度和强度，因此许多文创产品都采用了陶瓷作为主要材料，例如摆件、餐具和首饰等。宋朝出产的五大名窑所制陶瓷在形制上呈现出十分精美、高雅大方的特点，可为展现素雅之美提供极佳的示范。不同的制造方法也会呈现出不同的品质特征，比如景德镇的白瓷"白如玉，明如镜，薄如纸，声如磬"，而玲珑瓷则因通透明彻被称为"卡玻璃的瓷器"。当我们限制使用的材质时，应该考虑到其特点，并结合不同的实际应用场景进行创新设计，以充分发挥材质的性能特点。《流萤集》是一份毕业设计作品，创意灵感源于玲珑瓷独特的透明质感，巧妙地将其与铜钱纹融合，在产品设计上展现出现代感和传统韵味的完美结合。

2. 金属类

金属材料始终是人类文明史上最重要的结构材料和功能材料，它经历了青铜器时代、铁器时代和轻金属时代三个阶段。金属材料具有很多优点，比如延展性良好，光泽、色彩上能够给设计师很大的发挥空间。只有了解和熟悉金属材料的工艺，才能够成为一名合格的文创设计师，才能在设计文创产品的时候做到游刃有余。

3. 布艺类

布艺作为中国民间工艺的重要组成部分，拥有悠久的历史，并在其中独树一帜、瑰丽非凡。在古代，民间布艺的应用范围非常广泛，包括服装、鞋帽、床上用品、挂件、背包、小手工艺品（例如头巾、香袋、扇带、荷包、手绢等）和玩具等。这种综合艺术采用布料作为主要材料，并将民间剪纸、刺绣等制作工艺融入其中。布艺上的装饰性图案，例如花卉等，是经过剪裁和刺绣等手艺精心制作而成的。布艺是营造温馨、舒适室内氛围必不可少的元素，能够柔化室内空间生硬的线条，赋予居室新的感觉和色彩。

对于布艺品的分类，有很多不同的方法可以采用，例如按照使用功能、使用空间、设计特色、加工工艺等进行分类。布艺品的材料和加工工艺并不是最重要的，而是要考虑它们的使用场合和用途。因此，我们通常根据功能和空间的不同将布艺品做出分类。如今，人们对布料的一种新理解是布艺，它是指以布料为主要原料，经过艺术性的加工处理，达到一定的美学效果，同时满足人们在生活中的各种需求所产生的制品。可以说，传统布艺手工和现代布艺家具之间的区分并不十分明显，传统布艺同样可以很自然地融入现代装饰中。

4. 竹木类

人类最早使用的材料是木材，它的优点是容易加工，常常被用来制作家具、陈设品等。同时木材还有色彩丰富、肌理清晰等特点，能够给人带来清新的芳香、柔软的触感等生态自然的感觉。常用木材分为两类：硬木类和软木类。其中硬木又分为两种：一种是红木，如紫檀、黄花梨、酸枝木、鸡翅木等，这类木头多用于做高档家具或首饰；另一种是杂木，如胡桃木、樱桃木等，常用于制作家具。

在设计木材类文创产品时，需要综合考虑不同材质的特点，如档次、硬度、色彩和肌理等。借助木材的不同特性，我们可以灵活运用其原有的纹理和色彩，营造出各具气质和情感的产品设计。"山水间"文具置物座，借助木材的自然质感来代替仿石材制成的山石，使得文创产品更具有与自然相连的温暖感。

5. 塑料类

相对而言，塑料是一种历史较为短暂的材料，第一代塑料问世于1868年并得到了快速的发展。塑料因易于塑形、成本低廉且重量轻，因此在家电外壳、办公用品及装饰等领域具有卓越的综合性能。在中低端纪念品市场，我们也经常能见到其身影。

6. 玻璃类

玻璃与陶瓷一样，是一种脆性材料。玻璃的抗张强度较低，但硬度较大，玻璃还具有许多独一无二的优点，被广泛应用到望远镜、眼镜镜片、梳妆台灯等的生产中。它还能制成酒杯、灯泡、建筑物的幕墙，也能成为价值较高的艺术品。近年来，陈设工艺品受到越来越多人的关注，其中有很大一部分的工艺品造型由玻璃来实现。

7. 泥塑类

彩塑又被称为泥塑艺术。泥塑艺术是我国传统民间艺术中历史悠久、广为流传的一种艺术形式。这是一种传统的手工艺技术，通过使用黏土来塑造不同的形象和物品。制作过程是将少量棉花纤维掺入黏土中，然后充分搓揉混合并捏制成各种形状的雕塑作品，等其自然风干后涂上底粉，并进行彩绘处理。通过使用泥土作为材料，并且经过手工捏制制作，创作出形态各异，或者单调，或者多姿多彩的人物或动物形象。民间通常把泥塑称作"彩塑"或者"泥玩"。泥塑起源于凤翔县（现宝鸡市凤翔区），位于陕西省，后逐渐流传至天津、江苏、河南等地。中国传统泥塑具有丰富多彩的表现形式，然而在当前的时代背景下，泥塑艺术的创新应该考虑到现代生活场景和审美需求。

8. 皮革类

这里所说的皮革是指天然皮革，也就是人们常说的真皮。皮革是比较昂贵的材料，近些年来越来越受到中高档消费群体的追捧，皮革制品也越来越多地应用到更多的生活场景中。皮革的类型不同，其特点和用途也各不相同。例如牛皮革面细、强度高，最适宜制作皮鞋；羊皮革轻、薄而软，是皮革服装的理想面料；猪皮革的透气、透水性能较好。

（三）基于产品的市场需求分类

1. 消费型

可消费的文创产品是指那些能够被消费者迅速消耗且不宜长期保存的文创商品。通常是土特产及农副产品，主要关联到食品方面。这类文创产品会增强消费者对该产品的好感和忠诚，他们可能会重复购买甚至向朋友和家人推荐该产品。

以前的农民生产获利很少，因为他们是把生产出来的产品交给中间商来进行出售的，这之中中间商会压低生产价格，以获取自己的利益。

2. 保存型

文创产品通常具有较为深刻的历史、地域、精神内涵，并兼备长期保存的特性，因此常被视为珍贵的纪念品。文创产品有很多种类，包括实用类和摆饰类，有些产品使用频率高，有些则不太常用。尽管一些消费者可能因为生活忙碌而遗忘了这些产品，但一旦使用或欣赏时，就会自然想起背后的故事。

3. 馈赠型

文化创意产品在馈赠时，通常是以赠予者的身份和价值观念为代表。这些产品通常制作精美、大气，同时蕴含着丰富的文化内涵。例如，国家礼品常常表现出国家的文化特色，而商务礼品则传达着企业文化的含义。常见于文创产品的是中高端商品，具备较强的象征意义。

（四）基于产品的功能分类

商品开发种类多样、功能众多，例如博物馆在商品研发时，会结合销售、礼品馈赠、公关及活动宣传等市场需求，以供消费者广泛选择。以功能面来区分，文化创意商品包括生活实用类（服饰、饰品、文具、生活居家、食品）；工艺品类（装饰性工艺品、实用性工艺品）等。

随着新时代消费观念的转变，商品种类越来越繁多，然而以往的商品同质性较高，无法满足人们对于个性化和差异化的需求。因此，在商品设计方面，可以考虑加入独特的功能性，同时注重创意和文化内涵，使其与以往商品有所不同。

二、文化创意产品的构成要素

尽管现代社会人们对物质享受和便利的需求不断增加，但也存在着一种对传统生活方式和文化追求的渴望。文化创意产品的产生旨在满足此类需求，其包括文化、创意、体验、符号、审美等元素。

（一）文化要素

文化这个词，很多人都不陌生，比如儒家文化、玛雅文化、饮食文化等。文化好像是一件"魔衣"，穿在身上的一切生活小事，都可以被称为"文化"，但却又显得十分古怪，我们不能以掌握"苹果"等物象词语的方式去掌握它，因为在世间没有与之对应的东西。我们不能用"性质"这个词来形容一种东西，虽然西安兵马俑、北京紫禁城、巴黎卢浮宫、中国筷子、西方刀和叉子等，这些东西都可以归入文化范畴，但是，文化并不是一个集合，而是一种综合了人类历史上所有东西的"杂货店"。

在英文里，"文化"这个词是 culture，有"培育""栽种"的意思，暗示着从"原始"的地方走出来。而中文的"文化"，就是"人文教化"，它更注重用通用的语言，对集体的精神和物质行为进行规范，使其得以传承、传播，并获得认可。其实，文化可以分为三个层次，即器物层次、制度层次和观念层次。文化创意产品就是用器物将制度和观念体现出来的。地域文化和人民的生活习惯，是一种长期积累的特殊成果，是一种"记忆"，是一种"文脉"，已逐渐被各个区域所关注，人们对世界文化与区域文化之间的联系进行了再思考，更加注重对社会、民族的社会文化内涵的关注，并把这些内涵融入自己的作品中，由此唤起了对过去生活习惯的回忆。人们把文化创意产业和传统制造相结合，将文化融入实际之中，在传统产品的合理价值基础上，赋予其更多的感性价值，从而提高其附加值。

在文化创意产品中，文化元素有两个基本方面。一种是历史的纵向连续，也就是所谓的"文脉"，英文中的"上下文"。在语言学上，这个词叫作"语境"，指的是某件事情与另一件事情之间的关系。刘先觉把它翻译成"文脉"，应该说它是一种文化的脉动，它是一种文化传承与启迪的关系。文化创意产品中的文化元素，可以让人们在回忆过去的时候，获得精神上的安慰。这就如同当城市逐渐兴起，人们离开祖祖辈辈生活和耕耘的土地，住进楼房。但是，人们没有忘记土地以及耕种的生活方式，在阳台上总会有几个花盆，费尽心思地弄来土壤，种上花草或是辣椒、黄瓜、丝瓜、小葱、大蒜等，这就是"种植文化"的残存，残留在人们的血脉之中，一有机会就会发芽。另一种是地域性的横向遗产。20世纪后半期，许多的设计研究所和设计企业开始从社会学的角度来寻求信息和方法，来发现使用者和产品之间的关系，从而使得产品可以对某一地区的文化进行传承，并且可以将该地区文化都体现在该地区类似的社会环境，文化背景，知识体系，生活体验等方面。

（二）创意要素

如马克思所说："各种经济时代的区别，不在于生产什么，而在于怎么样生产，用什么劳动资料生产。劳动资料不仅是人类劳动力发展的测量器,而且是劳动借以进行的社会关系的指示器。"[1] 当今的信息社会、知识经济和文化产业,都代表着一次对人类生产方式的变革,人类创造财富的方式从以前的依赖体力劳动,逐步过渡到了依靠脑力劳动的新劳动方式。将文化、资讯和知识作为一种新的生产资源,将人的创造力作为一种推动经济发展的主要力量。文化创意产品就是在这种情况下产生的,所以,创造力就成了它的核心要素。

"创新"一词在英文中指的是 creat 和 creativity,与之相应的汉语含义是"创新""创造""点子""想法""理念"等。关于文化创意产品中的创意,主要是指以文化为基础,对其进行创造性思维的加工,从而将其设计并生产出来,以满足消费者的精神与文化需要为目的的产品。所以,文化创意产品中的文化,并不只是对传统的既有文化的一种照搬和简单的复制,它还会以一定的经济意识,对传统的物质文化和精神文化展开再创造,以适应当代人们的生活方式和审美趣味。

文化创意产品就是把文化元素以创造性的方式融合到功能性、实用性之中,从而变成一种可以被人利用、被人欣赏的产品。这里的"创意"不同于产品的创意,更注重文化的创意。文化创意产品的创意不仅仅是满足于产品的实用性,更重要的是,通过巧妙的设计、创新、灵感,将文化与产品的感官形态和它的使用过程融合在一起,让人们在繁忙的工作之余,可以缓解压力,感受生活的快乐。文化创意产品的创意不可能无中生有,必须有特定的源泉。

文化创意产品的具体来源有以下三个方面,它不是凭空产生的。

第一,是出于对生活的关心与理解。对生活的关心和理解,包括了自己的亲身体验,或者是个人的感悟,或者是对美好生活的幻想,还有听他人讲述的故事、浏览的网页等,这些都可以给文化创意产品的创意带来新鲜的养分。第二,是从认识和了解社会中产生的。社会是由特定的个体构成的,它也会用共同的价值观、流行风尚或者一种固定印象来影响每一个人。每个人对于文化创意产品的选择,无疑都标榜了一种价值态度和社会阶层定位。所以,创作文化创意作品,一定要以了解人的价值观及社会阶层为前提。第三,是历史文化,地域文化。它体现了一种与自然、地理、风土、人情等相关的文脉,或者更深层次的信仰、神话、传说等。

---

[1] 辽宁大学经济系经典著作教研室:《〈资本论〉讲稿:第一卷》,辽宁大学经济系经典著作教研室1983年版,第170页。

（三）体验要素

文化创意产品不仅拥有有形的价值，还拥有无形的体验价值，就像一幅油画，在给观众带来视觉上的快感的同时，还能获得一定的体验性的心理感受。因为每个人的体验都不一样，所以这种体验的心理感受也是不一样的，因此，它呈现出一种隐蔽性和不确定性，也就是这种隐蔽性和不确定性，才使得文化创意产品更具吸引力。

经验，英文是 experience，意思是以好奇心去经历、去感受生活，去给自己留下深刻的印象。这样的心理体验可以让人们体会到现实生活中的真相，并在脑海中呈现出深刻的画面，让人们回想起那些深刻的生活时刻，进而对未来产生一些想法，在文化创意产品中，它是指使用者在使用该产品时所产生的一种纯粹的主观感觉，它的表现形式有如下四个方面。

第一，就是视觉上的冲击力。在文化创意产品中，视觉冲击力是最重要的一环，现代设计越来越重视对造型的逻辑性、科学性和抽象性的叙述，但人们往往忽视了用视觉冲击力对大脑皮质的刺激，进而产生联想，促进相关体验。

第二，功能具备自然性。对于自然物来说，它们天生就具有功能。比如，水具有流动性和天然属性，因此其功能在于流动和保持液态；树叶具有叶绿素，能进行光合作用，因此其功能在于进行光合作用。文化创意产品的作用是仿效自然，以人类与自然界之间内在的"人—物"联系为起点，打造文化交流和形式创新的平台。在自然环境中，人类需要坐下来休息或执行某些任务。为满足这种需求，人们创造了许多不同种类的坐具，例如凳子、椅子和沙发等。无论使用哪种坐具，它们都应该考虑到人自然放松坐姿的需求，让人们在坐下时能够享受到自然舒适的体验。

第三，是一个合情合理的方法。文化创意产品的使用方式，是将产品与用户联系起来，这种方法的合理性，主要表现在要让人们可以阅读到产品的操作过程，要与习惯知识建立起一种文脉的联系，从而唤起人们对过去美好经历的记忆。

第四，内容上有针对性。文化创意产品所附带的文化内涵，在"移情"的基础上，以叙述的方式来体现，从而实现了一种抒情式的创作，一种写意式的表现。同时，附加的文化需求与产品功能、使用环境的文脉紧密结合，让体验得以顺畅发展。

（四）符号要素

象征作为一种特殊的行为，是一种以具体的物体来表达一种抽象的概念或思想感情的行为,是一种通过运用象征符号来达到对象征意义的表达。人和动物最大的不同之处,就在于卡西尔所说:"人是符号的动物。"[①] 尤其是在人类步入大众传播时代之后,以报纸、杂志、广播、电视、网络等为代表的现代大众媒介,利用先进的传播技术和工业化的手段,无时无刻不在向人们展开大规模的信息生产和传播活动,使得人们的生活环境中处处都充斥着象征性符号。比如,有的人穿一身蜘蛛侠的衣服,这套服装不仅可以起到遮体保暖的作用,更重要的是,它可以表明着装者对于该电影的态度。

随着现代媒体的发展,与产品自身有关的内容如操作、性能等相比,产品的符号含义往往更值得设计者去思考和发掘,一件文化创意产品能够被冠以"文化",正是由于它利用产品的外形来传达某种文化的含义,使得这个产品变成了一种象征,它承载着一种文化。

人们通过语言、目光、动作等进行信息的传递,而事物则通过符号进行信息的传递。人们对一种商品的功能进行了创造,并使其具有了某种形式。而形,则能体现出某种个性。人们在使用一件商品时,会获得各种各样的信息,从而有一种直观的心理感受和生理反应。而文化创新产品则是通过多种创新手段,来塑造产品的形式、应用情境,从而传递出一种具有一定文化意义的文化。文化创意产品的标志可以通过三种方式来表达其文化含义。

第一,是对通俗美学的象征性表现。在文化创意产品中,消费者对其外形特点会产生感性的认知,进而产生相应的感知与情感。同一片地域,同一段时间,人们对美丑、稳重、轻巧、柔软、自然、圆润、趣味、高雅、简洁、新奇、女性化、高科技感、活泼感等流行审美文化有共同的理解。消费者的这种感觉和情绪也会随着社会文化的改变而变化,如 Apple 公司的 G3、G4、G5 电脑的形态、色彩和材料质感的改变,正是抓住了这样的趋势。

第二,是对消费者自己的文化象征身份的表现。消费者对自己的文化符号身份的选择,是由其自身的知识、修养和品位所决定的。而文化创意产品就是利用其与环境相互作用所产生的特定含义,来满足消费者对于流行时尚、社会价值观或者某种固定印象的追求。

第三,是一种象征,一种历史文化,一种流行文化,一种特殊文化。文化创意产品用自己的叙事抒情来表达特定的情感、文化感受、社会意义、历史文化意

[①] [德]恩斯特·卡西尔:《符号形式的哲学》,赵海萍译,吉林出版集团股份有限公司2018年版,第261页。

义，或者是仪式、风俗等与文化和意识形态有关的意义。文化创意产品的这些内涵可以通过图腾、吉祥物、标志、特定图案等组合来实现。

（五）审美要素

"美"可以是一种感觉上的快乐，或者是一种身体上的满足，或者是一种欣赏心理上的表露，或者是一种对个人爱好的偏爱。而文化创意产品的审美则更偏向于后者，它是在人们的物质生活水平达到一定程度后，人类有意识地、有目的地追求"真、善、美"。它以"感性"为媒介，摆脱了对物欲利益的理性评判，真正回到了对人生意义、人生价值的自觉认识。在艺术创作中，美学因素主要包括三个方面。

第一，形式美和艺术性。文化创意产品的审美是不能脱离感性的因素的，它是由点、线、体、色彩等组成的，这些形态构成关系的艺术性，可以与观众内心深处的节奏、韵律、比例、尺度、对称、均衡、对比、协调、变化、统一等形成一种同构关系，这种直觉感受与内心情感的同构发生移情，进而与消费者的趣味和审美理想相结合。

第二，功能性材质的美感。文化创意产品的美学与其具有的合意性不能分离，文化创意产品的功能材料美指的是产品带给人的舒适感和心理满足，在此，功能材料美就是有别于产品的功能实用性等物质层面，它是一种审美价值的体现。

第三，"生态文化"的审美价值。它不仅体现了人与自然之间的和谐关系，而且还反映了人们的生活方式和社会生活的脉动和体系。文化创意产品的文化生态美，其根源在于人们对传统的一种渴望，比如，在工业社会中，人们所带来的高速、效率和身心的疲劳，这使得人们想要实现对传统的田园牧歌的回归，在一种审美的状态下，回到人类的精神家园。

第三节　文化创意产品的特征

"体验价值"对文化创意产品的价值提出了更高的要求，既要满足顾客的物质需求，又要满足顾客的心理、精神等方面的需要。文化创意产品除了要具备商品的一般特性外，还要有与其他商品不同的特性，比如文化性，艺术性，地域性，民族性，纪念性，实用性，经济性，时代性等。

一、文化性

创意产业是一种人性化的产业。创意产业指的是利用创造性思维,将文化、情感和概念进行激活,从而产生出一种创新性的想法,它可以将新思想、新文化、新情感、新概念、新时尚注入产品之中,从而在很大程度上提升产品的文化附加值,从而给产品带来可观的经济效益。

文化创意产品中的文化性,指的是将民族传统、时代特征、社会风尚、企业或团体的思想等所表现出来的精神信息。文化创意产品的核心内容就是文化性,在一定程度上,消费者购买文化创意产品,不仅是因为它的实用性,更多是因为它是一种生活方式,它是一种文化所带来的情感溢价。在体验经济的背景下,文化创意产品应当具有独一无二的文化和故事,它凝聚着独一无二的精神价值和社会内涵,要体现出文化的根源,也要体现出消费者独特的价值追求。文化创意产品强调的是文化的创新,而不是与传统文化的融合,而是对多种文化进行创造性的融合。而文化创意产品在继承和创新方面,又必须尊重其自身的"精神内核",不能对其进行虚构、歪曲。

二、艺术性

艺术性指的是在与设计条件、材料、环境相结合进行设计活动的时候,设计者应该对设计的审美规律有一些了解,设计作品应该将设计审美要素展现出来。文化创意作品应该是一种艺术,它应该是一种凝聚了观众审美特质的艺术作品。艺术欣赏应该包含了对文化创意产品的外部形态和内部精神的欣赏,只有将内部的美与外部的美相结合,才能给观众们带来愉悦的感觉,还能唤醒人们的生活情趣和价值体验,让文化创意产品与人、与生活进行沟通。

所以,在设计文化创意产品的过程中,设计者应该对材质、工艺和形式所能表达的特点充分了解,并与文化习俗、风土人情、神话传说、生活方式等相结合,设计出在形式上与时代的审美需要相适应的外表,而内在的故事可以让消费者产生回忆,从而从多个方面将产品特有的艺术审美价值体现出来。

三、地域性

地域文化是一种基于地域,以历史为线索,以景观为载体,以现实为表象,在社会发展过程中产生影响的人文精神活动的总称。区域文化是指该地区社会和民族的经济、政治和宗教等文化形式，包括该地区的哲学、艺术、宗教和风俗习惯，甚至包括整个价值观的渊源。所谓地域性设计，就是以区域为基础的适应型设计，以文化资源为基础的传承型设计，其本质是生态型设计。

在不同的区域，就会产生不同的文化空间，从而形成不同的文化环境。例如，在中国，长江流域和黄河流域是有区别的，但是它们都是华夏文明的一部分；荆楚文化有别于赣皖地区，却同属长江地区。地域性设计的最基本的设计方式，就是将传统文化中的符号模式和功能模式，运用到现代设计中去，来满足本地域文化共同体对审美心理的认可，与此同时，还会在不同区域之间，对不同区域的人们的文化审美心理产生不同的影响。

在文化创意产品中，要体现出文化的共性与个性，要凸显其特色，要体现出该地区的自然景观与人文风情。目前，文化创意产品对于文化的解读大多停留在表象，无法对其进行更深层次的深度挖掘，这也是造成文化同质化的重要原因。

四、民族性

民族是一种在文化、语言、历史和宗教上与其他群体相区别的群体。从总体上讲，一个民族的历史起源、生产方式、语言、文化、习俗、心理认同等都有共性。"只有民族的，才能成为世界的"，越是民族的，越是具有世界的。而正是这种独特的民族文化，使其具有多样性，湘西土家织锦、贵州彝族漆器、西藏唐卡，各具特色，争奇斗艳。

艺术是人类创造出来的，人类离不开国家，更离不开当地的文化，也就是民族性。以"鱼"为例，中国人对于"鱼"的认知有很大的不同，"鱼"是中国人的一种美，当"鱼"出现在设计中时，人们会自然而然地联想到"鱼"这个抽象的符号所对应的特定含义。

每个国家都有自己独特的文化特征，因此，在进行产品设计之前，设计师要把重点放在这个国家的文化核心上，寻找其共性和个性。在提取文化要素的过程中，设计师应该对民间故事、纹饰、器物等进行归类整理，在尊重民族习俗的基础上，对其进行发掘，从而设计出一款可以体现民族风情的产品，从而将民族文化更好地弘扬和传承下去。

五、纪念性

纪念意义是指一种文化创意产品所携带的一种感情与回忆。纪念是人在真实世界中的一种知觉，它通过这种知觉，不断地充实着个体与群体的文化意蕴，进而构成了人类文明的丰富多彩。纪念性要求文化创意产品不仅能为人们提供审美愉悦，还能帮助人们回顾历史，对自己和周围的世界有更多的了解。纪念是指人和被纪念对象的关系，而文化创意产品则是把纪念意义植入产品中，从而唤起人的某些回忆。

在设计具有纪念意义的文化创意产品时，可以运用符号化的方法。符号用意象来表达观念，通过符号的使用，可以使与意象相关的含义得以阐释，如数字象征（如生日，革命纪念日等）、视觉象征（如品牌形象，纹饰等）、场所体验（如诗词意境，建筑等）。在旅游纪念品文化创意产品设计中，设计师将长城的瞭望台造型和U盘的外形进行关联，巧妙运用瞭望孔的弧线结构塑造U盘外侧的拼接口，形成一套可组合U盘设计。同时每个U盘既可单独使用，也可被拼为完整的瞭望台造型，产品的包装盒既是外包装也是基座，四周有与U盘配套的插孔，方便使用，不易丢失，具有较强的实用性与纪念价值。

六、实用性

在一些比较发达的国家里，对实用设计的重视程度有所降低，而对美学、艺术性的重视程度则有所提高。然而，在我国，传统工匠却受到了资本市场、政府等机构的青睐，因为他们能够直接制造出有实际应用价值的商品。从我国的实际情况来看，消费者在选购商品时，会更多地考虑到商品的实用性。而对于设计人员而言，其实用性虽非必要条件，却也是一个重要的考量维度。

七、经济性

经济性是指用最少的能源消耗获得最好的设计结果，其设计要有很高的性能价格比，并且要根据消费人群的特点制定适当的价格。在一些旅游景区和文化机构中，经常会出现一些没有创意、价格昂贵的文物仿制品和工艺品，很少有人会购买。文化创意产品的优点是，它可以用创新的设计方式，给产品注入文化内涵，提高产品的体验价值，这样就可以让产品拥有更高的附加价值，让消费者感到物超所值。

设计师要根据不同的消费阶层,来设计出不同档次的商品,让消费者有更多的选择余地。同时,有关部门还应加强监督与引导,以提高顾客对商品的好感度、复购率等。

八、时代性

艺术在人们的生活中占有举足轻重的地位。对人的认识能力、创造力和审美能力都有很大的促进作用。文化创意产品的设计应该既具有文化属性,又能反映当代人的审美需要,并能与当代人进行交流,这样才能保证文化不会脱离时代。与时代性相对的是因循守旧,我们国家的一些手工艺品或民俗非物质文化遗产的传承很难保持,主要是因为它不能适应时代的发展,不能与当前的生活方式相结合。

随着中国传统文化全面复兴,我国出现了一大批"古老"而又年轻的电视专栏节目,这些弘扬中国传统文化的节目广受好评。这些节目成功的很大一部分原因就是注重与年轻人的沟通和互动。

第二章
文化创意产品设计概述

本章内容为文化创意产品设计概述,从三个方面展开叙述,分别是文化创意产品的设计原则、文化创意产品的设计方法以及文化创意产品的设计流程。

第一节　文化创意产品设计的原则

一、以市场为导向的原则

市场导向原则强调文化创意产品要根据市场的需求进行设计，要重视市场的需求、开发出受市场欢迎的产品，而不能仅凭自己的喜好设计产品。当然文创产品设计过程中要合理审视市场的导向及文化的内涵，让文创产品既有浓郁的文化内涵也能符合市场的喜好。

20 世纪 50 年代以来，随着买方市场的出现，在西方发达国家产生了现代经营思想。经过数十年的更新和迭代，现代经营思想已经成了当代市场营销的主要指导思想。该理念认为，企业的生产要以客户或者消费者的需求为依据决定。在这种思想的指导下，企业不再费心思考如何从现有的产品中寻找吸引客户的元素，而是深入研究市场的需求，从而对自己的产品生产和销售做出规划。企业的主要目标不再是追求产品销售量和销售额的短期增长，而是通过生产市场需要的产品而占领市场份额。因此，现代企业对市场调研十分重视，希望能在市场的消费需求的变化中寻找尚未饱和的市场空间，然后通过开发新产品，以及价格制定、销售渠道安排、促销手段等营销设计来满足这种需求。在满足需求的过程中，企业的市场份额也在不断扩大。

通过市场经济体制的调节，文创产品的需求与供给之间通过市场进行联动。文创产品需求与供给在市场体系中展现出的矛盾是推动文创活动发展的原动力，即需求和供给之间的矛盾是经济活动中存在的主要矛盾，两者之间的经济联系和变化发展是经济活动的主要内容。通过市场的运作，需求和供给之间的矛盾得以缓和或者解决，实现供求结构的平衡。供求之间的平衡也就是产品结构的平衡，文创产品结构处于平衡状态才能让整个产业的运作维持在健康的轨道上。

文创市场的变化十分迅速，消费者的喜好随时都在变化，竞争对手的发展战略也在随时发生变化。相关的法律法规也随着文创产业的发展而不断完善，这些因素导致了文创企业的发展环境也在随时发生变化。文创产业能否在竞争中生存并发展壮大，取决于企业能不能适应文创市场的发展变化，能适应到什么程度。因此文创产业的发展必须坚持市场导向，以市场变化为依据，随时对现有资源的配置进行优化，发挥企业的优势，针对市场的特点展开营销活动，以实现企业的经营目标。这就要求企业要根据自己的情况制定相应的市场营销战略。市场营销战略关系到今后相当长一段时间内文创企业的发展目标，是文创企业市场营销计划的重要依据。因此，市场营销战略正确与否，对文创企业的兴衰成败有着重要的影响。若一个文创企业的市场营销战略错误，无论文创的具体行动方案多么细致、多么全面，销售队伍多么强大，也会在激烈的市场竞争中迷失方向，对企业的生存和发展构成威胁，甚至被竞争对手击败。

二、突出差异的创新原则

差异化设计实际上就是要求企业在产品设计上寻求创新，让自己的产品具备其他产品所没有的优势，这就要求企业从不同的角度展开分析、思考和判断，通过明确市场定位针对不同的消费群体的特征设计出不同的产品。企业进行产品创新，就要先将消费者划分成不同的群体并分析其消费特点，进而形成细致的产品定位，再进行差异化设计。产品定位的方法有以下几种。

（一）地域创新

地域文化是扎根于特定区域的生活环境，并长期积累而形成的特殊文化，其在当地有着深厚的精神基础。根据地域环境变化的情况，将地域特色文化与产品设计融合，让产品具有在地性特征，是一种十分独特的文创产品定位方法。在文创产品设计中融入地域文化并不断保持是实现文创产品差异化的方式之一。

（二）产品品类创新

这是指通过规格、质量、风格和特色间的差异形成产品之间的差异以适应消费者的不同需求和价值诉求的方法，也是避免产品同质化的有效方式之一。

（三）消费群体差异化创新

这是指根据消费群体之间的不同消费需求和消费心理进行产品差异化创新的一种方式，是产品针对消费群体之间的差异进行的创新设计。通过对消费群体的细分，产品的品类也能得到细分，从而实现产品的差异化和个性化。

（四）消费手段差异化创新

这是指通过差异化的营销方式将产品的新意与亮点展示给消费者、吸引消费者消费的方式。这种方法能让消费者的消费行为向着差异化发展，为顾客提供了独特的利益，从而让产品获得竞争优势。

随着"互联网+"的出现，这种创新模式也越来越多地被应用在文创产业的创新与发展中。例如，印有康熙皇帝的画像的趣味手机壁纸受到了很多消费者的喜爱，故宫博物院的手机应用和淘宝店铺出现在越来越多的消费者的手机上。文化不再仅凭传统的方式去感染他人，而是借用时代崭新的技术手段和形式主动进行传播，渗透进每个人的日常生活中。文创产品需要通过材料创新、工艺创新、造型创新等各种方式来进行变换，才能解决同质化的问题，达到不同产品之间具有差异化的目的。产品差异化有两种实现形式，分别是水平差异化和垂直差异化。文创产品要从水平差异化的角度进行创新设计，结合不同的创新思路和创新方法，拓展思路，创造出超出人们想象的产品。文创企业要通过产品差异化设计不断扩大文创产业的发展领域，通过创新的形式让人感受文化的魅力和文化的无处不在。2017年12月，敦煌研究院与腾讯公司合作推出了"数字敦煌供养人"计划。这个计划的目的是鼓励用户通过游戏、动漫、音乐、文创等各种形式，表达创意和数字文化概念，将其与敦煌文化相结合，并为保护和传承敦煌文化作贡献。在合作一周年之际，该计划推出了新年数字创意活动——敦煌丝巾。该活动号召公众通过数字文创手段，成为敦煌数字供养人。在腾讯文创平台上，用户可以通过DIY自己的专属敦煌丝巾，生成个性化的文创创意，供养千年敦煌文化。

三、兼顾美观与实用的原则

生活中处处蕴藏着人们对美的追求，为了迎合人们对美的追求，越来越多的既美观又实用的产品被设计出来。美学实用性效应的概念也形成了，它指的是相较于其他产品，人们会认为设计更有美感的产品更容易使用，这种感觉跟产品事实上是否好用并没有关系。目前已经有很多实验证实了这个效应的准确性，并启发了文创产品设计者对设计是否能被接纳或者使用等方面进行思考。

美观的设计让产品看起来更加实用，且吸引消费者在其他产品与有美观的设计的产品之间选择后者。因此实用但是设计缺乏美感的产品则很可能遭到市场的冷落，进而引发人们对产品实用性和设计美观性的讨论。美学实用性效应将在今后很长一段时间里对文创产品设计产生影响，并且美学在产品设计中的重要地位也将在很长一段时间内不会被改变。外形美观的产品比缺乏美感的产品更能培养消费者的积极使用态度，并让人忽略产品在功能设计上的一些缺陷。

具有美感的产品不仅要符合消费者的审美喜好，还要让消费者产生"美观的产品更加好用"的感觉。因此在文创产品设计的过程中，设计者要重视消费者的感受，认真分析消费者的情感与爱好，准确把握其美学需求特征，并与文化相结合，设计出符合消费者审美偏好的美学性产品，从而让消费者在消费和使用产品的过程中保持愉悦、享受的心情。但是在实际生活中，大多数文创产品仅仅重视设计的美观而忽视了产品的实用性，产品本身质量不佳，造成了中看不中用的问题。因此文创企业的设计师要严格控制产品的质量，让产品在满足消费者使用需求的基础上展现出富有美感的外观，从而吸引消费者选择该产品。例如，在产品设计中可以与其他知名品牌进行联动，通过知名品牌的影响力提升消费者对产品的信赖度。百雀羚的生产商与故宫珠宝设计师钟华合作，强势推出一款带有浓郁中国风的梳妆礼盒（见图 2-1）。这款产品所具有的精致的中国风广受消费者追捧。

图 2-1　百雀羚梳妆礼盒

四、坚持绿色环保的原则

维克多·巴巴纳克（Victor Papanek）是美国设计理论家。他于 20 世纪 60 年代末期出版了《为真实世界而设计》一书。这本书面世后引起了很大的争议。这本书针对设计师面临的人类需求的最迫切的问题提出了很多建议，并对设计师应当具备的社会价值和伦理价值做了强调。进入80年代，一股国际性的设计思潮出现。全球性的生态失衡和人类的生存问题引起了世界范围内各界人士的重视，设计师们也开始认识到发展、设计和环境保护之间的和谐的重要性。

对于产品设计而言，设计与环境保护之间的和谐就是要重视人与自然之间的生态平衡，让环境保护和环境效益的思想贯穿于设计决策中的每一个环节，将产品的整个流通过程对环境的破坏降到最低。例如，产品设计中的材料选择和管理、物质与能源消耗、有害物质的产生与排放，以及产品和零部件能否顺利回收、再生循环或充分利用。这就要求产品设计师要让自己的设计理念和工作方式更加符合绿色环保的要求，设计出更为环保的产品，并让产品能以更简洁、更长久的形式为人类服务。

与传统设计理念和方式相比较，绿色设计应遵循以下原则。

（一）资源最佳利用原则

资源最佳利用原则可以从两方面进行理解。首先在资源选择方面，设计师应遵循可持续发展理念，充分考虑资源的再生能力和跨时间段配置问题，对资源进行合理的使用，减少对资源的消耗，尽可能选择能够再生的资源。其次是在设计过程中，设计师要充分利用资源，让资源的价值发挥到最大程度。

（二）能量消耗最少原则

能量消耗最少原则也能从两个方面理解。首先是在能源类型的选择上，设计师应当尽可能选择清洁能源或者可再生能源，如风能、太阳能等。其次是能源消耗方面，设计师要考虑产品的整个生命周期，尽量减少能源的消耗和浪费，并尽可能减少因为资源浪费而产生的环境污染，例如噪声、振动等。

（三）"零污染"原则

在传统设计理念中，为了发展，人们常常采取"先污染，后治理"的方式。但是显然这样不仅会为后期的环境治理增添许多困难，还会造成难以挽回的环境损害。绿色设计理念应当彻底摒弃这种并不科学的末端环境治理方式，而是要坚持"预防为主，治理为辅"的环境友好型发展策略。因此设计师在产品设计阶段就要将污染问题纳入考虑范围，从根本上防止污染的产生。

(四)"零损害"原则

绿色设计在坚持减少环境污染的同时也要考虑到在生产和使用过程中的安全问题，保障生产者和使用者不会遭受伤害。因此设计师要考虑到产品的制造环境、使用环境，以及产品的质量控制等问题，确保生产者和使用者的安全。此外，生产出的产品也要符合美学、人机工程学等相关理论，确保人们在使用产品时身心不会遭受损害。

(五)技术先进原则

绿色设计要确保产品符合"绿色"的理念，因此在产品设计中要尽量将先进的生产技术考虑进去，通过先进技术生产产品，确保不会因为技术落后的原因而产生能源损耗或者污染。此外设计要具有一定的创造性，这样产品才能有更强的市场竞争力。

(六)生态经济效益最佳原则

从生态经济效益最佳原则出发，绿色设计要从两点进行考虑，一是要考虑产品的经济效益，二是以可持续发展理念为指导，全面考虑产品在生产周期内所产生的环境行为及其对生态环境和社会产生的影响，思考这些影响带来的环境生态和社会方面的效益损失。绿色设计要使产品不仅能取得更好的环境效益，还能保持较好的经济效益，达到生态经济效益最佳的状态。

全球知名的瑞士环保潮牌 Freitag 推出了一款邮差包。产品利用回收而来的卡车车篷防水油布制作邮差包包面、汽车安全带做包带、自行车内胎用作包边，每一个 Freitag 包的图案都独一无二，代表了个性和环保的生活方式，同时也取得了可持续的最佳生态经济效益。

五、遵循系统分层的原则

由于市场上消费者之间的各种差异，如性别差异、文化背景差异、年龄差异等，单一功能的产品无法满足消费者的个性化需求，因此文创产品设计就要遵循系统分层原则，也就是文创产品设计要多层次、系统化，为消费者提供不同价位、不同档次、不同文化元素的差异性产品。

（一）高档文创产品设计

高档文创产品首先要重视产品品牌的塑造，同时让文创产品的内涵更加丰富，提升审美品位；其次可以通过手工艺生产形式保留工艺技巧的痕迹，从而凸显产品所使用的材质之美。产品的包装也要与产品的文化主题相契合，与产品本身互相照应，共同传达文化之意蕴。这类文创产品的定价一般比较高，但是却不一定是最主要的盈利产品。

（二）中档文创产品设计

应考虑消费者对文创产品的内心情感需求、精神需要，最终创造出充满趣味的产品。

（三）低档文创产品设计

低档文创产品也要保证其品质和特点，同时尽量实现批量生产，在设计过程中要选择价格低、容易加工的材料进行生产，保证产品的低成本、低售价。与此同时，文创产品的系列化设计也十分重要，产品系列是方便消费者个性化选择的产品开发方法，给了消费者更多的选择空间，也能诱导消费者消费。市场经济体制下，决定产品生命周期的重要因素是消费者的需求。单一设计产品的生命周期越来越短。而系列化的产品设计能不断带给消费者新奇的消费体验，构成视觉冲击力，让消费者形成更深刻的产品认知，也让产品符合更多消费者的消费和使用需求。系列化的产品设计能通过不同的组合方式或者多变的功能形成产品系统以适应市场的不同需求，进而提高产品的市场竞争力。

第二节　文化创意产品设计的方法

一、以功能为主的设计

一般而言，产品的功能都是多元的，一件产品可能同时具备多个用途，或者同时具备一定的审美功能，因此在产品设计过程中，设计人员要对产品的功能以及不同功能之间的联系进行合理的考虑。实用性设计指的是将实用功能作为产品功能设计的重点的设计方式。

包豪斯设计学院是一所享有盛誉的设计学院，其理念已经提出100年之久。早在一个世纪前，包豪斯设计学院就已经呼吁设计应该以满足大工业生产和生活需求为重点，并且推崇以功能和实用为设计主导思想。产品的实用功能聚焦的是产品作为人们达到某一目的的工具性，例如汽车生产的目的是让人们出行更加顺畅，手机生产的目的是让人们实现远距离沟通等。一般而言，除了小部分只为满足审美需求而生产的工艺品外，大部分工业化批量生产的产品都具有实用性。

在文创产品设计载体的选择上，通常情况下，设计师会挑选一些在日常生活中经常使用的东西，将其设计成为一种有文化内涵的文创产品。设计者通过对文物表层肌理、质地、色彩、造型的仿生、提取，把提取出来的文化要素具象化，并与产品的使用功能相结合，设计出"日用品"。从图2-2可以看出，这种灯泡的构思就是把原来的形状"偷换"掉，把牛奶盒子这种超乎想象的东西，直接改成了一种发光的灯泡。在创造性上，它能带给人们精神和情绪上的愉悦，远远超过了灯饰本身的明亮，并且具有很高的设计品位。

图 2-2　创意灯具设计

二、突出趣味性的设计

唐纳德·诺曼（Donald Norman）在其《情感化设计》一书中指出，当本能、行为、反思三者结合时，人们会产生积极的情感，即愉悦。这种愉悦感可以减轻人的精神压力，激发人的求知欲，提高人的学习积极性。现在市面上有很多以娱乐为主的体验类产品，消费者购买这类产品的动力是享受产品的"好玩"和"有趣"。这也是在快节奏的生活中，人们对心灵的愉悦与放飞的追求的体现。对于文创产品而言，产品的趣味性具有很强的包容性，其目的是给消费者带来全方位的使用或体验感受。文创产品的趣味性常常是富有层次性的，从最基础的造型设计，到产品功能，再到人机互动和文化层面，让产品的趣味性上升到新的高度。由于消费者在性别、年龄、文化程度、社会经历等方面的差异，他们对于趣味性的理解也各不相同。有的人更注重功能上的趣味性，有的更喜欢视觉感知上的直观的趣味性，有的则更重视产品本身的品质，希望产品能带给自己真情实感的体验。因为人们的诉求不同，所以在文创产品设计中，趣味性也就更全面，更突出，力求带给消费者完全不同的趣味享受。在趣味性设计中，设计师要重视趣味性的影响因素，以及将趣味性体现在产品中。

（一）趣味设计因素

从不同人群的需求的角度分析，趣味设计应重视以下因素的影响。

（1）消费者的年龄

不同年龄的人对趣味性的感受与诉求不同。儿童和青少年更重视产品的外形和颜色，而中老年人则更重视产品本身的趣味性。

（2）消费者的性别

一般而言，女性更偏向于带有温和特点的产品，男性更喜欢便捷、简单的产品。

（3）消费者的消费能力

从这一点分析，日常生活用品的趣味性要始终重视产品的功能设计，在功能设计上体现出对消费者的情感层面的关怀，这种趣味性往往与价位无关。日常生活用品的趣味性要重视以人文本的设计思想的指导，从人的情感的角度出发，让产品的趣味性不仅仅停留在表层，而是不断拓展延伸，达到更深层次的趣味性体现。产品的趣味性设计让产品更具亲和力，因此在设计中，设计师要将设计要素和设计思想与产品的功能、造型、产品与人的交互和文化体现相融合，设计出更多富有趣味性的产品。

（二）趣味设计方法

完整的趣味设计方法应从以下四个角度思考，产品的造型、材质和色彩等方面的趣味性，功能的趣味性，人机交互的趣味性，产品的综合趣味性。

以人为本是产品设计的核心，这一理念是建立在情感设计和体验设计等丰富的理论设计基础之上的。总的来说，日常生活用品的趣味性设计也要遵循这一原则，从造型到产品功能再到情感的体验，从外形到产品的内涵设计，将趣味性体现在产品的每一个方面。以人为本是趣味性设计的核心，它要求设计师更加关注产品的深层次情感特征，使其更符合人们的心理层面的需求。

雷蒙德·罗维（Raymond Loewy）被称为产品设计之父，他曾经说过："我寻求一种强烈的视觉震撼力，令人即便是短短一瞥，也能留下深刻的印象，但是我更关心它们在人们心中的感受。"从中不难看出，深层次的趣味性才是产品设计的重点，才能带给人们心理和精神层面的情感体验。

三、融入情境性的设计

情景式设计是一种有别于实用化设计的设计方法，它基于产品的实用化设计，更注重对产品"精神意境"的营造。用这种方式设计出来的东西，不仅可以被当作工艺品来使用，还可以用它的观赏价值来创造一种气氛，还具有很强的实用性，在使用的时候，可以通过操作来向用户传达产品的含义。在这些商品中，以茶道、香道、花道为代表。

产品设计中所说的场景指的是用户和产品进行交互时的集成系统，它由环境、产品和用户共同组成。场景研究则是对产品、产品的使用情境和环境，以及任何这三者之间的关系进行研究，从而分析未来产品的使用。其目的是让场景的三个因素在产品使用的过程中达到平衡，让产品设计更加符合用户的使用需求，增强用户的使用体验。

（1）通过场景还原理解用户心理

用户的行为十分特殊，其影响因素也十分复杂。因此仅凭传统的问卷调查等方式很难准确把握用户的动机、行为目的和情感。产品设计者要想深入理解用户行为的目的，就要从用户的角度亲自去体验产品的使用过程，体验、观察和理解用户的情绪变化，这样才能真正理解用户的使用行为，抓住用户的痛点。因此在产品设计开发中，设计人员要通过跟踪和调查潜在消费人群特征、收集相关信息、记录场景信息、场景模拟等研究方式理解用户的产品使用心理，把握用户的产品需求。

（2）从场景中挖掘需求

传统设计中，设计者一般认为产品与用户之间的关系只产生于使用过程中。这种观点是片面的。用户与产品之间的信任和情感共鸣从用户与产品接触时就已经产生了。用户的潜在需求往往隐藏在用户的习惯和态度中，而场景的建立可以帮助设计者挖掘这种需求。因为用户在接触和使用产品的过程中可能产生新的行为习惯和需求，因此通过场景设置来再现用户的日常细节，可以帮助设计者深入理解用户的情绪变化，把握与用户交流的态度，定位用户的目标及与用户交流的目标。场景所展现出的功能要求和信息为设计者发现产品与用户之间的交互点提供了帮助，让设计者能对产品与用户之间的关系进行合理的把握，让最终设计出的产品与用户的生活和谐融合。同时通过场景再现挖掘需求的设计方式也让设计者不会因为缺乏新产品的设计经验而让设计出现漏洞，避免了因此而给用户带来使用方面的问题。

（3）提炼核心需求定义产品

在通过场景还原用户心理、挖掘用户需求之后，设计师要做的，就是将这些信息归纳、提炼出来。一般情况下，使用者会基于自己的特殊偏好，对产品的某个特殊属性产生要求，然而，设计师们却很少从这一方面进行考量，一款面向大众的消费品，一定要能够满足绝大多数人的需要，如果它的功能太过专门化，那么它就只能够满足一小部分人。所以，设计者必须要提炼顾客的心理和需要，寻找其背后的深层原因。通过产品设计的表达来满足用户的多样化需求，并聚焦于用户的核心需求，寻找最佳的解决方案，形成产品的需求定义。

（4）通过场景预设验证产品定义

形成产品的定义之后，设计者还要对其进行验证。最核心的方法是关键路径场景方法，它是指虚构一个情景，通过所设计的情景让目标用户体验产品的重要功能，并预测用户的行为，验证设计的合理性。这样，设计人员就可以在设想之初排除掉某些无法满足的要求，从而达到降低设计费用的目的。此外，设计者还可以在场景脚本中对用户需求和产品功能进行充分的考虑，以此提高设计的完成度。知乎以沉浸式的知识体验和创新设计，再次构建了一个独一无二的线下创意体验馆。这是一家"专治不懂"的魔法诊所——不知道诊所,将知乎上专业、有趣、多元的内容以创意体验馆的方式展现出来。展览特设七大诊室,更特邀15位知乎优秀回答者现场"专家看诊",全方位解答各种"不懂症状",治愈青年人群好奇心。

四、演绎故事性的设计

文创产品的设计者不同于贴图设计师,"讲故事"是一种比较常见的设计方式,它可以表现出文创产品的文化内涵,并与消费者产生精神上的共鸣。要把一个产品的设计故事讲好,就必须挖掘出其中的笑点、可爱点、科技点等,并用"梗"来与观众交流。

想要实现故事型设计,设计者就要从文化背景角度对产品进行深入的挖掘,例如产品的产地、产品的历史、工艺方面、制造过程方面和非遗文化方面等,又或者产品采用了非遗手工艺,产品的独特设计理念和设计思路。同时将这些蕴藏在产品背后的文化故事传递给用户。故事的文案必须完整、合乎逻辑,既要将商品本身和商品的效益凸显出来,也要根据文化的重要性排列故事情节,在标题中凸显文化的重要特征,让消费者在阅读文案的过程中先感受其重要的文化特色,再逐步了解其完整的文化背景。

五、应用高科技的设计

当今社会,科技以人类难以想象的速度向前发展,虽然在日常生活中人们很难接触到最前沿的科技,但是科技在生产领域的应用却往往会造成生产的创造性发展。最近几年,全息影像技术逐渐普及,全息影响呈现的设备也逐渐简单化,但是这一技术却尚未应用到文创产品设计当中。VR(虚拟现实技术)以及AR(增强现实技术)等技术也逐渐在大众的生活领域渗透,通过这两项技术,产品的叙述性可以得到增强。新一代的7D技术能同时运用光感、传感、振动和摇晃等形式同时与五维度场景建设结合,完全模拟出真实的场景,让人产生身临其境的体验。现今阶段,7D技术仅仅在大型博物馆或者体验馆中使用,如果今后这项技术得到发展,能够运用在文创产业中,那么文创产品设计和生产也必然会有质的飞跃,让用户切实体验到文化与历史的积淀。由此可见,设计师要对现代科技发展及其应用有深刻的了解，并主动尝试利用科学技术进行设计，让文创产品更符合时代发展特点。近些年，故宫的文创产品中就有许多这样的产品，如故宫猫AR绘本。它使用了AR技术将文物背后的故事生动地展现在了用户面前。

设计方法的创新并不局限于以上几种形式，并且不同的方法之间也能相互结合。设计者可以将创新的设计方法与传统设计方法组合，采用多样化的设计方法设计出更加符合绝大多数人的审美偏好的文创产品，带动文创产业的健康发展，并通过文创产品传播文化内涵，普及文化教育。

第三节　文化创意产品设计的流程

一、文创项目管理与市场调查

（一）文创项目管理

文创产品设计大多以项目的形式进行，因此将项目的相关技术和管理知识应用到文创设计活动中，就产生了文创设计项目管理。其本质就是通过项目管理理论和技术，在文创项目的资源、时间、成本、技术和制造等限制范围内合理规划资源的组织和使用，协调和控制任务的进度，从而达到预定的文创设计目标的管理活动。科学的文创设计项目管理往往影响着文创企业的经营，决定了新产品和新的服务形式的开发的相关工作的成败。因此一个成熟的文创设计组织必定要有科学的项目管理方式，并具备相应的项目管理能力，保证自己能够在条件限定下有序完成文创设计的相关任务。文创产品设计师除了要具备相应的设计能力之外，还要有较高的文化素养，能够将文化与产品设计结合，这样才能设计出既有品质又有文化内涵的产品。文创产品的设计流程与一般的产品设计之间也有一定的区别，具体步骤如下。

1. 文创设计项目的管理准备

这一阶段对于成熟的文创企业或者团队而言，所需花费的时间比较少，长期的设计经历让他们能够减少许多因为磨合或流程不熟悉而造成的问题。但是对于设计经验较少的文创企业或团队而言，这一阶段往往需要更加充分的准备，为产品设计项目的进行打好基础。

项目设计的前期准备工作一般有三方面内容，一是设计队伍的组建，二是文创设计的前期检查，三是文创设计规划书的编写。

（1）组建文创设计队伍

企业必须根据文创设计项目的内容、性质及企业自身技术能力的情况来确定是否需要组建文创设计队伍或组建一个什么样的文创设计队伍。通常，由于产品在市场中更新的频率很快，每年需要较多的新文创产品进入市场；而且由于文创设计项目的复杂程度不一，文创企业需要组建文创产品设计队伍。

①指定设计经理

在文创企业的设计组织中，文创设计经理（设计组织主要负责人）起着十分关键的作用。在对具体文创设计项目的管理中，文创设计经理的职责主要有以下几个方面：编制文创设计规划书；选择文创设计师和文创设计项目负责人；组织和协调文创设计活动，激励文创设计人员；负责文创设计组织与其他部门的协调工作；管理文创设计项目流程的全过程。

在能力特点方面，文创设计项目的经理与一般的经理有所不同。想要胜任文创设计管理工作，经理必须具备以下能力：对本次文创设计主题的内涵有深刻的理解和认知；了解队伍中设计师的不同特点，并拥有将他们的能力充分发挥出来的能力；合理处理团队的人际关系，合理规划时间；具备创新的眼光，能科学进行决策；指导团队人员编制文创设计规划书，并设计科学的业绩评估方法；能与相关部门顺利沟通，并取得其配合；熟悉文创设计的流程和方法，并对其有科学的理解，掌握对文创设计进行评估的能力；掌握文创设计语言的基础知识，能与相关人员就文创设计工作进行有效沟通；能够主持设计会议，把握会议流程和进度，有合理的说明和表达方法。

②指定文创设计师

一个文创设计组织需要多少文创设计人员和需要什么样的设计人员，完全取决于文创企业要执行的文创设计项目的多少和设计项目的具体内容。除了考虑技术因素外，还要明确哪些是整个项目中的关键技术。对于具有专门技术或较为关键的技术限制的项目，最好由固定的文创设计师来负责。而且，建成一支永久性的、高水平的文创设计队伍是一个成功企业的长期规划，必须在设计管理的实践过程中逐步实现。文创设计团队一般来说需要具备多种能力，产品设计师、视觉设计师都应兼顾到位，做到全方位互补。

(2)进行文创设计前期检查

前期检查阶段的主要目标是进一步明确文创项目的市场定位,这对项目的成败而言十分重要。还有一个目的就是评估企业内部的设计资源,避免设计过程中的风险,确保设计能够成功。

这一环节主要包括以下工作:从以往的文创设计项目中总结经验教训;分析企业的设计技术,避开技术薄弱环节;检查文创项目管理的能力和水平。参与项目检查的负责人必须了解和懂得文创设计,熟悉文创设计的操作程序,有一定的文创管理经验,有强烈的责任心,能以较客观、公正的态度来进行这项工作。

(3)编制文创设计规划书

项目开始前一项非常重要的工作就是编制文创设计规划书,一个确切而完整的设计规划书能使文创设计具有明确的方向和目标;能最大限度地降低文创项目风险;能让设计师尽快了解设计内容,为之后的设计工作打下基础;能让团队积累设计与管理相关经验。

从项目管理的角度进行分析,完整的设计规划应当包括以下内容:设计目标、计划和要求。因此在编制文创设计规划书的过程中,相关人员要明确项目的最终目标,确定项目设计计划,合理分析设计的要求。文创设计规划书的编制通常要经过市场研究、产品研究、技术研究、交流与评估等研究与活动步骤。

2. 文创设计规划管理

文创设计规划管理是管理者对文创项目的执行过程的全面管理。准备阶段完成之后,设计者的工作重点就要转移到文创设计规划管理上来。想要完成设计规划书所设定的目标,文创设计规划管理工作必不可少。对文创设计规划的管理通常可以采取分阶段的管理、新产品设计与开发流程管理、设计规划的品质管理、设计品质与成本管理、设计品质与日程管理等方式。

3. 文创设计评估

文创项目能否达到预期的目标,最重要的决定因素在于文创设计评估,也就是在设计过程中不断利用系统的设计检查来确保项目朝着预期的方向推进。通过这项工作管理者能及时将文创设计中出现的问题找出来并纠正,降低产品开发的风险,确保文创设计拥有较高的质量。对于文创设计评估工作,英国设计管理专家将其分为四个阶段,分别是需求评估、前期评估、中期评估和后期评估。这种划分方式符合设计程序的特点。具体而言,文创设计需求评估就是根据市场的相关信息和企业的内部和外部环境影响因素进一步分析受众的需求影响因素，让文创设计的定位更加准确。文创设计前期评估就是针对设计需求要素明确以后的多种设计方案，通过评估选择一个最为合适的或具有发展前景的方案。文创设计中期评估是在设计的总体方案确定以后，在生产图纸形成以前进行的一次十分关键的评估。这一阶段的评估内容主要是对文创设计中的各个细节内容进行评估。文创设计后期评估是在工作样机制作和试生产结束后，在文创产品进行批量生产前还必须进行设计的后期评估。

除了做好阶段评估之外，还要做好文创设计评估的管理。包括做好评估的前期准备，组织好设计评估的实施（包括做好设计评估计划、评估信息数据采集、组织好各类评估参与人员等）。

4. 文创设计团队管理

文创设计是非常复杂、任务非常艰巨的设计项目，因此必须要通过负责不同职能的团队成员共同合作才能完成。众多的实践也证明了能获得授权的多职能的文创团队更容易让设计项目成功。但是文创团队成员之间的冲突和矛盾往往难以避免，因此必须通过有效的管理才能化解团队的内部冲突，减少随之而来的负面影响，提升文创项目的完成质量。

文创设计团队的工作特征从总体上讲，一是文创设计项目要靠集体的智慧才能完成，在文创设计团队中，要让团队成员有平等的参与感和认同感；二是既要重视文创团队的作用，也要重视领军人物个人的作用；三是文创设计团队在设计开发一个项目时，核心团队成员不宜超过 8 人，理想的人数是 5—7 人。

为了使文创设计团队成员在同一个设计组织内有效地工作，必须有一个出色的文创项目经理。这个文创设计经理必须有良好的工作能力，包括在专业技术上的能力和对团队管理方面的能力；有较好的愿景和规划能力；有一定的权限，包括有足够的权限来管理和控制来自不同部门的项目团队成员。

文创设计经理作为设计团队的管理者的任务，就是要带领文创团队在组织上、管理机制上、工作上保持高效的特点，处理好团队中的不良冲突，为高质量地完成文创设计目标作贡献。文创项目管理者应充分调动团队成员热情，发挥各成员的优势，通过合理的项目排期和项目管理确保文创项目如期完成。

（二）文创产品市场调查

市场调研是有组织、有计划的活动，有科学的工作程序，工作人员必须按照程序完成工作才能取得预期的效果。对于文创设计项目而言，市场调研程序一般包含以下五个阶段：调查主题和目的的确认、调查计划制订、调查方式确定、实施过程、制作调查报告。

1. 文创产品调查主题与调查项目的确定

文创产品市场营销决策涉及许多工作，覆盖范围极广，需要确定的问题也很多，因此往往需要多次市场调查活动才能完成任务。因此在组织市场调查活动之前，工作人员要先将本次调查亟须解决的问题找出来，并据此设定调查主题，确定调查的任务和目标。确定调查主题时要先划定主题的范围，以免出现调查主题过于模糊的问题。当然调查的主题也不能过于狭窄，否则就无法对市场的具体情况进行充分反映，调查也就失去了意义。

以文创产品调查主题的目的与性质之间的差异为依据，调查项目可以分为三种，分别是探索性调查、描述性调查和因果关系调查。

（1）探索性调查

在一般情况下，当调查主题的内容与性质较为模糊时，工作人员可以对其进行初步搜集，以便更好地理解问题的性质，从而明确调查的方向和范围。这样的研究被称为探索研究。比如，一个文创企业在自身的经营活动中，发现最近几个月内，文创产品的销量出现了下降，其原因有可能是竞争者争夺了市场，市场上出现了新的替代品，受众的喜好发生了改变，或者是文创企业的产品质量出现了问题。在这个时候，文创公司可以用探索性的研究方法来找到问题的根源，并在不断改变的市场环境下，找到一些新的、具有正面作用的因素。

（2）描述性调查

描述性问卷是一项较为普遍的问卷，它主要针对不同的文化创意产品的行销策略所面对的问题。描述性调查侧重于收集、记录数据，侧重于对客观事实的静态描述；在进行文创公司的短期营销策略调整时，必须要对近几年来文创产品的需求发展变化进行分析和预测。而长期的战略调整，则是建立在对现实及未来有关情况的理解之上，这就需要对城乡居民的收支结构及变化情况、产品社会拥有率、饱和度和普及率进行全面的调查，同时还要对现有其他竞争对手的生产现状等情况进行全面的调查。这种调查主要是描述性的。

（3）因果关系调查

在文创企业的运营过程中，很多影响因素都具有一定的相关性，比如一些影响因素是可以被控制的，但是这些影响因素并不能完全反映出来。例如，文创产品的产量、价格、人员和费用支出；而有的企业却不一样，它们的变动是由销售、产品、成本、企业利润等多个因素所决定的。用因果关系调查的方式，要弄清是什么因素对某个变量的变化产生了影响，多个因素的变化对该变量的影响有多大，以及这些影响因素将会有怎样的变化。

2. 文创产品调查计划的制订

文创产品调查主题与调查目的确定之后，市场营销调研人员就应当准备一份专门的调查计划。文创产品调查计划的内容包括资料来源、调查对象、调查方法等项目。

（1）对文化创意研究的数据源进行识别

在文创产品研究方案中，必须考虑到如何选取数据源。根据调查数据的来源，调查数据可以分为一手数据和二手数据。一手数据是指为调研而收集到的数据。大多数的市场研究计划都要求收集一手数据。收集一手数据的成本往往很高，但是所获得的数据往往与所要解决的问题有更紧密的联系，而一手数据往往源于现场调查、深入采访等。二手数据是为研究目的收集的现有数据。文化创意产品市场调查员在开展调查时，往往会先从二手数据入手。与收集一手资料相比，收集二手资料的费用通常要低得多。但文创产品市场调查通常以一手资料为主，博物馆文创侧重文物、典籍、历史等资料的梳理；旅游景区侧重对地域文化、景观特色、民俗文化等资料的梳理。

（2）确定文创市场调查对象

根据文创产品市场调查对象的范围大小，市场营销调研可以分为普遍调查和抽样调查两大类。

普遍调查虽然能得到较为全面的数据，但是其执行过程耗时、费用高昂，一般只被政府部门用于人口普查、经济普查等特定用途，很少用于文创产品的市场研究。

抽样调查是从被调查的整体中抽取几个人来进行的一种抽样调查，在文创产品的市场营销中经常使用抽样的方式。抽样调查有多种类型，通常可以划分为两种类型，一种是非随机抽样，另一种是随机抽样。

在非随机抽样调查中，样本是由调查者根据自己的经验和主观选择的，因此，所选择的样本是否能够代表调查的整体，完全依赖于调查者的经验和判断，因此很容易被调查者的主观意识所左右，这就导致了调查的结果存在很大的偏差，无法准确地反映出调查对象的整体现状。在有经验的情况下，采用非随机抽样法进行抽样调查是一种比较方便的抽样调查方式。

随机抽样调查是指在被调查人口中，按照随机性的原则，从被调查人口中抽取一定数量的被调查者，并利用这些被调查者的样本数据来计算人口数量的一种调查方法。按照随机性原则进行抽样调查，消除了抽样调查时的主观性，使得每个人在抽样调查中得到平等的抽样调查机会，确保了抽样调查对象的代表性。在此基础上，通过对样本数据的分析，可以推断出整体的状况。随机取样法因其自身的特性及优势，已被广泛应用于市场调查、设计调查等领域。例如在针对武汉旅游纪念品市场的调查中，调查者从三个方面进行了调查：A.对来武汉旅游的1 000位外地国内旅游者进行抽样调查；B.对武汉旅游商品的设计、生产、销售及研究人员进行了抽样调查；C.设计了多套网络问卷对武汉旅游纪念品市场进行了自由调查。

3.文创产品调查方法的确定

在文创产品市场调查中，对数据资料的采集可以借助以下几种较为常用的调查方法：深度访谈法、人员直接观察法、问卷法。

（1）深度访谈法

深度访谈法又称临床式无结构访问，即由训练有素、沟通技能较强的文创市场调查员直接与被调查者进行面对面的询问及讨论，以了解调查对象对某些问题的情感、动机、态度、观点等。深度访谈法是定性研究中经常采用的资料收集方法之一，主要是利用访谈者与受访者之间的交流，达到意见的交换，但也要注意访谈技巧。

①深度访谈法的优缺点

深度访谈法的优点有以下几点。

a.灵活、细致。由调查人员提出的多个可自由讨论的问题，便于对复杂的问题进行详细的讨论。

b.沟通性较强。一对一良好的沟通气氛，可缓解因调查内容产生的紧张情绪，可以获得更深层次的洞察。

c.减少语意表达的失误，确保被访对象能准确无误地理解问题的含义。

d.调查人员易作可信度评估，辨别其回答的真实程度。

深度访谈法的缺点有以下几点。

a. 受调查人员的素质影响，调查质量很大程度上依赖于调查人员的沟通能力和访谈技巧。

b. 统计汇总和数据处理较困难，需要专业分析人员进一步归纳和判断。

c. 时间长、费用高，实地调研中深度访谈的样本量通常有限。

②深度访谈法的调研流程

a. 确定访谈对象和准备记录工具。

b. 准备背景资料和询问提纲。

c. 自我介绍并说明访谈目的。

d. 控制和引导被访对象。

e. 整理和统计分析。

调研完成后调查人员要及时整理调查笔记，检视、补给遗漏的项目。完成调查后，通过统计分析找到需求，以便进行下一步工作。

③深度访谈法的操作技巧

注意访谈场所和仪表举止要求。尽可能选择环境比较和谐宁静的空间访谈。调查人员是公司形象的代表，在被访谈对象前应表现出良好的修养与个人素质。调查人员穿着力求清洁简朴，目光温和，平视对方，不可盯视对方或左顾右盼。语言表达要清晰、准确，提问简单明了。言谈友善谦和，耐心倾听并鼓励被访对象表达自己的观点。

（2）人员直接观察法

观察法是一种单向调查法，主要是由市场调查人员通过直接观察人们的行为，进行实地记录，从而获得所需资料。人员直接观察根据其具体操作方式，可分为单向观察、行动跟踪等形式，操作较为简便，但需要观察人员具有较强的洞察能力。比如在某特色景区，通过对观光人群的出行方式、购买行为、市场产品现状等进行直接观察，可对典型人群、产品现状等进行简单描述和分类，后续可结合其他调研方式得到更为全面和详尽的调查报告，以便后续的设计创作和营销。

①单向观察

单向观察是调查人员通过单向镜，了解特定场景下受众的言行和表情。其关键是必须始终使被调查对象处于不知情的状态，以得到真实洞察。

文创产品调研：观察受众使用文创产品和服务的过程。观察受众使用文创产品的习惯，在使用过程中会出现哪些痛点，从而找到文创产品改良创新的机会。

受众体验标准调研：观察受众的询问内容与顺序。调查人员用"蹲守"或角色扮演的方式，记录受众客群咨询哪些问题、询问这些问题的顺序等，从而分析出各种类型受众的产品体验。

②行动跟踪

调查人员在旅游景区和博物馆等地，可通过游客的行动路线分析游客的兴趣点，重点关注游客停留时的接触点，进行针对性的文创设计。

（3）问卷法

问卷法是定量研究的常用方法之一，是调查者匿名了解情况征询意见的调查方法。问卷包含一系列开放式和封闭式的问题，分别要求被调查者判断和写出相应的答案。

问卷的调查方法运用的技巧关键在于问卷的设计、调查对象的选择和环境控制三点。

首先，问卷设计需要把握调查对象的心理特征，遵循一定的心理顺序，以防受访者感到不舒服。其次，了解调查对象对问卷语境的理解能力，调查对象选择是否准确、问卷的问题设置是否能够洞察调查对象动机，调查人员应做好事前预判。最后，为适应不同受众和环境，应设置好问卷的层级和逻辑，避免调查对象过于单一，从而得到不同层次人群的需求数据。

问卷调查法的优势是成本低、数量大，能够较快地得到反馈。在互联网时代，在线问卷也提供了许多便利，受到的限制也更少。

4. 实施文创市场调查计划

实施文创市场调查计划包括两个步骤：文创市场数据资料的收集和文创数据资料加工处理和分析。

（1）数据采集

文创组组长应重视日常调研工作，避免调研工作偏离初衷，以保证调研工作的顺利进行。例如，在运用观察方法进行调查的时候，要避免调查者的错误信息被忽略；在开展询问法调查的时候，要避免调查人员有意无意地诱导调查对象做出带有倾向性的、不诚实的回答，并帮助他们解决可能出现的问题。在进行实验法研究的过程中，必须对试验条件进行适当的控制，以确保所得到的试验结果的客观、可靠。

（2）对采集到的数据进行处理与分析

要对采集到的数据进行科学的处理，以达到去伪存真，去粗取精的目的。资料的处理主要有分类、合成和整理三个部分。在数据处理过程中，如何确保数据的正确性和完整性，是一个非常重要的问题。

通过对调查数据的处理，可以得到调查结果。根据数据分析的性质，可分为定性和定量两类；根据数据分析的方法，可以分为经验分析和数学分析。目前，企业更倾向于运用数理统计的方法，对问卷数据进行量化分析。

运用先进的统计方法及决策数学模型，并辅以经验分析与判断，能更好地确保调查分析的科学性与准确性。

5. 提出文创市场调查报告

在对文创市场调查资料分析处理的基础上，调查人员必须得出调查结论，并以调查报告的形式总结汇报文创市场调查结果。通过调查报告可以初步了解文创市场发展现状，从而根据市场提出设计策略和解决方案，调查报告对于决策人员、文创设计师、营销人员等都具有重要的参考价值。

二、文创产品受众行为分析与用户画像

（一）文创产品受众行为分析

1. 文创产品受众行为分析的主要内容

从心理学角度分析人的动机、感觉、学习、态度和个性，帮助营销者了解购买者的购买心理活动及其对购买行为的影响。

A. 研究和分析社会阶层、家庭结构、相关群体等因素对买方行为的影响。

B. 从传播的视角，对采购商是如何收集产品信息的，信息的收集途径，以及采购商对产品的推广的响应等进行了研究。

C. 从经济的角度，探讨了买方的经济条件对买方的产品选择、费用支出和买方的购买决策的影响。

D. 从文化人类学的视角，对传统文化、价值观念、信仰、习俗等如何影响消费者的行为进行研究和分析。

2. 文创产品市场及受众购买行为分析

文创产品市场也称文化受众最终市场。这个市场的顾客，是广大关注文化的受众，购买的目的是满足个人或家庭的文化生活需要，没有营利性动机。文创产品受众的特点，决定了受众市场的特征。

A. 这个市场很大，而且一般都比较集中，比如博物馆、旅游景点等。

B. 具有很强的市场弹性。文创市场中的商品品种较多，往往会根据消费者的需求，将其分为高、中、低三个档次。

C. 专业人士的采购。大部分的文创品买家都具有某种程度的文化意识。

D. 在买的时候，由于消费者重视情绪与印象，其消费决策极易受到文化创意推广、文化场景空间与服务等因素的影响。

E. 除了一些高品质的耐久的文创产品，其他的一般都不需要技术服务。

3. 文创产品受众购买行为模式

文创产品的观众购买行为是一个非常复杂的问题，也可以简单归纳为"5W1H"，即"谁（Who）、买什么（What）、为什么（Why）、何时（When）、何处（Where）、怎样卖（How）"六个因素。这就使得观众在购买了一种新的、有价值的商品后，形成了一套由六个因素组成的行为流程体系，也就是产生的一系列的行为响应。

文创类商品在消费者购买时所产生的一系列行为反应，就像一个看不到、摸不着的"黑箱"。外界刺激通过"黑箱"对其进行响应，从而引发了人们的行为。观众的购买行为表现为"刺激—反应（S—R）"模式。

买方外部激励有两种类型：一种是市场激励，它主要是指对企业市场营销行为进行控制的"4Ps"，即产品激励、价格激励、销售激励、促销激励；第二种是外在的刺激，它是由消费者在政治、经济、文化、科技等外部因素的作用下，通过消费者内心的"黑箱"而形成的，也就是在消费者的心理活动过程中发生的一系列反应，从而形成了一种消费行为。

买家的"黑箱"在"刺激"和"响应"之间，由两部分组成。一是买家特征。买家特征是指对买家产生影响的社会、文化、个人、心理等方面的因素。不同特征的观众对于同一刺激物的认知反应可能存在差异。二是采购商决策之流程，分为五个步骤，即确认需求，搜集资料，比较选择，做出购买决定，购买后感受。这将使买家在购买时产生不同的选择，从而对最终的购买结果产生直接的影响。

4. 影响文创产品受众购买行为的因素

（1）文创产品受众个体特征

消费者的年龄、经济能力、职业、生活方式、性格等因素都会对消费者的购买决策造成一定的影响，因此，在企业中应充分考虑消费者的心理特点。由于个人特点的差异，购物的方式、种类和动机也有差异。例如，在年龄上，孩子们偏爱玩具和文具，而老人们偏爱保健产品；就职业而言，教师对文化产品的重视程度较高，而设计师则对设计作品的喜爱程度较高；在经济实力方面，高收入人群有较高的消费能力，更偏爱具有高艺术品位的商品，而低收入人群更注重实用的商品。文创产品的设计者，在对观众进行个性化分析的基础上，可以根据观众的行为特点，更加精准地选择出适合自己的产品类型，以此为载体来展示自己的文创产品。如湖南省博物馆根据受众特征设计出了针对中老年群体的养生产品、针对青年群体的护肤产品、针对儿童群体的玩具拼图等。

（2）文创产品受众的心理因素

西方心理学者曾提出一些不同的人类动机理论，对受众行为分析和市场营销的策略有一定的参考价值，其中最为流行的人本主义哲学家马斯洛的需求层次理论。马斯洛按需要的重要程度排列，把人类的需要分为五个层次：生理的需求、安全的需求、社交的需求、尊重的需求和自我实现的需求（见图2-3）。值得注意的是，由于文创产品的情感溢价，往往能够满足受众更高层次的需求。

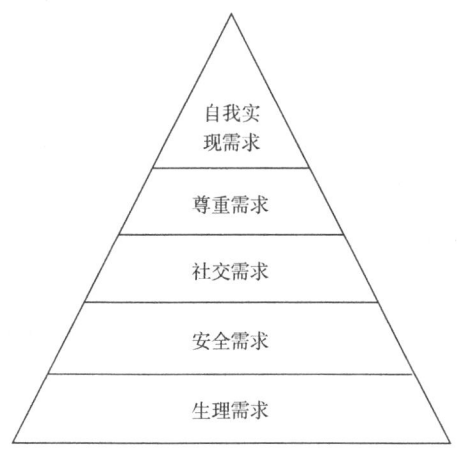

图2-3　马斯洛的需求层次金字塔

A. 生理需求：包括衣、食、住、行方面的需求，是人最基本最重要的需求。

B. 安全需求：主要是为保障人身安全和生活稳定，表现形式为医疗保健、卫生、保险等需要。

C. 社交需求：包括感情、合群、爱和被爱等需求；希望被群体承认或接纳，能给别人爱和友谊等需要。

D. 尊重需求：自尊和被别人尊重的需要，包括威望、成就、名誉、地位和权力等需要。

E. 自我实现需求：这是最高层次的需求，它是指希望充分发挥个人的能力及获得成就的需要。

马斯洛的需求层次理论的核心是：人类具有不同层次需求和欲望，随时有待满足。

（3）文化因素对观众产生影响

文化对消费者的消费心理和消费行为有很大的影响。人的很多行为都是通过后天的学习，在特定的文化氛围中长大，自然而然地就会产生一些观念、习惯。文化是由亚文化与社会等级两个层面构成的。

A. 每一种文化中，都有一种亚文化，这些亚文化以特殊的身份、特殊的社会影响，将所有的人都团结在了一起，形成了独特的价值观和独特的生活方式。亚文化群体包括民族群体、宗教群体、地域群体等。

B. 阶级的划分在每一种社会里，都存在着各种各样的社会阶层。不同的社会阶层之间存在着一定的一致性和持续性，不同的阶级之间存在着不同的层次、不同的利益、不同的价值观念、不同的行为模式。

（4）社会关系

人们的消费行为不仅受到大范围的文化影响，而且还受到社会的影响。社会因素指的是观众身边的人对观众造成的影响，而观众所处的群体、家庭、社会角色和社会地位等对观众的影响又是最大的。

A. 感兴趣的团体。"利益集团"是指那些能够对人们的态度、行为、价值观产生直接或间接影响的群体。就是人与人之间的关系。对于受利益集团影响较大的企业而言，识别利益集团中的"意见领袖"，是一项非常重要的任务。

B. 家庭。买主的家人会极大地影响买主的行为。从父母那里，每一个人都可以得到很多的智力倾向、知识、价值观等。家庭团体是文创商品的主要消费群体。

C. 角色和地位。角色是指一个人在不同场合中的身份。人在不同群体中的位置可用角色和地位来确定，这些都会影响其购买行为。

5. 文创产品受众购买行为的决策过程

文创类商品消费者的购买行为，既是一种程序过程，也是一种心理过程。受众购买行为的程序化过程，是受众购买行为的外部体现。消费者的购买心理过程由消费者的内在行为驱动，消费者的购买行为和消费者的选择决定了消费者的购买行为。

（1）对受众的购买行为进行程序化处理

受众的购买行为过程，就是观众在购买过程中所表现出的言语和行动的先后次序。其主要内容有认识问题、调查信息、选择与评估、决策与评估、购后评估等。

（2）观众对文创产品的购买心路历程

受众购买文创产品的心理过程，指的是受众在购买行为中心理活动的整个发展过程，它是受众不同的心理现象对客观现实的一种动态的反映。

（二）文创产品用户画像

用户画像也可以被称为用户角色，是根据一系列真实数据构建的目标用户模型，能够全面展现一个用户的信息特征。艾伦·库珀（Alan cooper）是交互设计的先驱，他在担任IDEO公司设计师时，率先提出了"人物角色"的概念。为了避免个人喜好对产品开发的影响，库珀认为应该以目标用户的动机和行为为核心。在充分了解真实数据（包括性别、年龄、家庭状况、收入、工作、用户场景/活动、目标/动机等）的基础上，需要建立一个真实用户的虚拟代表，即"画出"一个虚拟用户来代表目标用户群体。

制作文创产品用户画像时，应当遵循三条原则，即以人口统计学和信用信息为主要分析因素，注重相关信息的重要性，以及以定性数据为主要分析工具。在用户画像和用户分析工作中，应优先关注与用户密切相关的信息，而不是那些与用户关系较为疏远的信息。这个基本准则用于制作用户画像。制作用户画像时，需要考虑用户的实际需求，并将其信息分为五个不同的类别。这些属性包括人群的人口统计学特征、信用状况、消费行为特点、个人爱好，以及社交网络信息。这些信息基本上涵盖了业务需求所必需的关键数据，如果与外部环境的数据相结合，将会带来巨大的商业效益。它是通过对用户的社会属性、生活习惯和消费行为等信息进行抽象，形成了一个标签化的用户模型。用户画像的核心工作是确定用户的关键特征和标识，基于对用户信息的深入分析。这些特征标识被精心挑选和概括，用来描述用户的个性、行为和喜好等方面。用户画像的运用不仅可以实现产品和服务的精准销售，还能够针对目标用户进行产品开发和服务设计，以满足其需求并实现量身定制，从而构建企业未来发展的战略。

如针对旅游行业不同人群的特点，其用户画像就应该包括游客（团队或散客）、领队（导游）和利益相关方（旅游纪念品店、景区餐馆、旅店老板等）。用户画像需要具体细分到某一类人群才会更有价值，比如老师、学生、企业主等。

用户画像制作中需要注意的问题如下：A. 以实际数据为基础。B. 在存在多个用户特征的情况下，要对用户特征进行优先排序。如果产品是针对不同的用户来设计的，那么很可能会出现需求的冲突。C. 要不断修改用户特征图。随着研究的不断深入，对用户的定位也会越来越明确。

三、文创产品定位与头脑风暴

（一）文创产品定位

在开发文创产品时，设计者必须先合理预估该产品的面向人群、生产用途和销售范围，大致分析该产品可能收到的社会评价，这就是文创产品的定位工作。文创设计定位要求设计者不仅具备杰出的设计手法，还要发挥精确的商业化分析技巧，牢牢把握市场需求，将其与产品设计的思路有机结合。在文创产品设计过程中，为新的设计设定一个比较合适的方向，让产品在未来市场上具有足够的竞争力。这也是设计师在正式开始设计之前提出问题和分析问题的过程。设计定位的正确与否直接关系到设计的最终成败，产品设计定位要在市场调研和分析的基础上进行，如果没有明确的设计定位，设计师的思路就会任意发挥，从而会失去产品设计的方向和目标，使设计师无法解决产品设计中的关键问题。

文创产品定位能够帮助企业确定其目标市场和受众群体。通过明确产品的定位，企业可以更好地了解自己的消费者，从而设计出更符合他们需求的产品。文创产品定位还能够帮助企业树立独特的品牌形象和风格，通过将文化元素与创意融合，企业可以打造与众不同的产品，从而在竞争激烈的市场中脱颖而出。定位清晰的文创产品能够更好地传达企业的价值观和理念，得到消费者的关注和认可。

此外，文创产品定位还有助于企业实现市场营销的精准定位和有效推广。通过深入了解目标市场的文化特点和消费习惯，企业可以有针对性地开展市场营销活动，提高产品的知名度和销售额。文创产品定位还有助于推动文化创意产业的发展，以文化为核心，不仅可以传承和弘扬传统文化，还能够创造新的艺术形式和体验方式。通过定位独特的文创产品，可以激发创意和创新，推动文化创意产业的繁荣发展。

设计目标设定的本身是一个不断追求最佳点的过程，也是设定产品开发的战略方针。所谓最佳设计点，是在设计师与受众之间寻求的平衡，指既能满足受众需求，又能兼顾设计师的创意的结合点。追求设计目标的最佳点，应集多种条件和基本元素为基点，在这个基础上进行定性定量的分析，根据这些目标反推确立设计定位，这种过程是追求设计目标最佳定位的开发战略，设计定位的最终目的是确定合适的产品设计方向，也可以作为检验设计是否成功的标准。设计师在设计中常用的设计定位有如下几种。

1. 文创产品人群定位

在文创产品开发设计中，产品使用的目标人群是一个要首先确定问题。这个产品为谁而设计，目标人群的性别、年龄、收入等问题必须清晰，找对目标消费群对于确定产品的使用功能来说至关重要。一切的销售行为都针对目标消费群，一旦目标消费群出现错位，就会导致"事倍功半"的局面。例如，在日本经济学家提出的"猫咪经济学"里，以"猫"为代表的周边，往往备受青睐。例如在星巴克官方店上线的猫爪杯（见图2-4）。

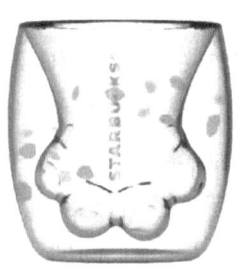

图 2-4　星巴克猫爪杯

2. 文创产品价格定位

每一种产品都因其性质而具有不同的价格特征。一般来说，价格特征有类别可循，某些符合特定要求的产品都可划分在同一个区间，由此给消费者留下"价格类别"的印象。为了更好地迎合消费者的心理，销售方应该从消费者的角度考虑，合理分析并划定产品的价格定位区间，充分落实调研工作。文创产品价格定位不仅影响企业的盈利能力，还关系到产品的市场接受程度和消费者购买意愿。文创产品价格定位的意义在于找到适当的平衡点，既能够保证企业的盈利，又能够吸引消费者的购买。过高的价格可能导致消费者难以接受，影响销量；而过低的价格则可能损害产品的品牌形象和利润空间。因此，通过合理定价，企业可以实现收益最大化和市场份额的提升。

文创产品价格定位的方法有多种。一种常用的方法是成本加成定价法，即在产品成本的基础上加入一定的利润。这种方法简单直接，但需要准确把握产品成本，并考虑到市场需求和竞争态势。另一种方法是竞争定价法，即通过对竞争对手价格的调研分析，确定相应的定价策略。企业可以选择与竞争对手相等或稍高或稍低的价格，来满足不同层次消费者的需求。

还有一种方法是价值定价法，即根据产品所提供的独特价值及消费者对其价值的认可程度来定价。这要求企业充分了解消费者的需求和偏好，以及产品所带来的附加价值。此外，市场定位也能够影响文创产品的价格定位。如果企业将产品定位为高端、奢华或者独特的市场，价格也应当相对较高；而如果将产品定位为大众市场，价格则应相对亲民。

随着人们生活水平和受教育程度的提升，目前，越来越多的受众对产品消费抱有理智清醒的态度，不再盲目追求低价商品或奢侈品，而是寻求物美价廉乃至物超所值的产品。在市场上的不同产品类型中，文创产品是相对特殊的一类，其设计和生产中承载着更多脑力劳动的成果，面向人群也更多考虑产品的情感价值、文化价值等，设计者和生产者正是依靠这种商品特性，从文创产品的附加价值中获利。如此一来，文创产品的价格定位就成了一个相对敏感的问题，既不能忽略生产设计者的精神付出，也不能让消费者感到名不副实。设计者通过付出大量的时间、精力和才华来创造文创产品，他们的创造力和技能是宝贵的，因此，在定价时应充分考虑设计师的努力和价值，并给予他们合理的回报；但是，定价也需要考虑到市场需求和消费者的务实消费心理。文创产品通常具有一定的独特性和文化内涵，这固然是吸引消费者的重要因素之一，然而，消费者在购买产品时也会考虑产品的实用性和性价比，因此，定价应该在满足设计者创造力价值的前提下，兼顾消费者的实际需求和价格敏感度。消费者希望能够清楚地了解产品的定价依据和价值所在，为此，可以考虑向消费者公开相关信息，如设计者的背景和创作故事、产品的材料和制作工艺等，以建立消费者对产品价值的认同感，并增强其购买的欲望。生产方、销售方通过收集消费者的反馈意见和市场数据，可以及时调整定价策略以满足消费者的需求并提升产品的竞争力。

3. 文创产品功能定位

所谓功能定位就是指在目标市场选择和市场定位的基础上，根据潜在的目标受众需求的特征，结合产品的特点，对拟设计的产品应具备的基本功能和辅助功能做出具体规定的过程。要避免设计"同质化"。凭借文创产品所具备的独特功能，抢占受众大脑里的"功能"专区，明确地告诉受众该款产品有什么功能，在生活中能起到什么作用或怎样改变了人们的生活方式。

文创产品功能定位是指确定和规划文创产品所提供的具体功能和特点。它帮助企业明确产品的核心卖点和使用场景，以满足消费者的需求并区别于竞争对手。

文创产品功能定位的意义在于：通过功能定位，企业能够深入了解目标用户的需求和偏好，有针对性地设计和开发产品。准确地满足消费者的需求，可以提高产品的市场接受度和购买欲望。通过为产品确定独特的功能和特点，企业能够在竞争激烈的市场中脱颖而出。与其他同类产品相比，具备独特功能的文创产品更具吸引力，更能吸引消费者的关注。

功能定位还有助于企业为文创产品创造附加价值。除了满足基本功能需求外，文创产品还可以通过与文化、艺术等领域的结合，提供更多的情感共鸣和文化体验，从而创造更多的价值。

通过确定产品的核心卖点和特色功能，企业可以在消费者心中建立特定的品牌形象，从而提高品牌忠诚度和影响力。通过了解消费者的需求和痛点，企业可以开发出创新的功能和特点，满足市场上未被满足的需求，从而拓展市场份额和增加销售额。

（二）文创产品开发中的头脑风暴

1. 文创产品开发中头脑风暴的原则

运用头脑风暴的思维方法，可以在短时间内集众人智慧，获得比较多的新颖的点子，从而进一步得到解决问题的方法。头脑风暴法要取得成功，在探讨方式，心态上的转变，需要有非评价性的，无偏见的交流，具体而言，需要遵循以下几点原则。

（1）思维开放畅想原则

思维开放畅想原则可以帮助团队成员摆脱传统思维模式的局限性，以更自由、开放的方式思考和探索，从而提升创新能力。在头脑风暴环节中，创造一个宽松、无压力的环境是非常重要的。让团队成员感到放松和自由，鼓励他们不受限制地提出各种想法和观点。在头脑风暴过程中，不对任何一个想法进行评判或批评。尽量避免否定和负面情绪的表达，以鼓励团队成员大胆表达自己的想法。头脑风暴的目的是产生大量的想法，所以要鼓励团队成员尽可能多地提出各种各样的想法。不论想法是否可行或实际，都应该被表达出来，以便之后筛选和深化。

可以通过刺激性的问题、触发词汇或视觉图像等方式，引导成员从不同的角度思考和关联相关概念，以产生更多独特的创意。在头脑风暴过程中，应推崇多样性和包容性。团队成员之间可以互相借鉴和启发，同时也要尊重每个人的观点，并积极鼓励不同背景和经验的成员认真参与。

在记录和整理想法时，设计者要确保所有的想法都被记录下来，可以是文字、图表、草图等形式。之后，根据一定的评估标准和目标，对想法进行筛选、整理和深化，以便最终确定最有潜力的创意方向。

思维开放畅想原则的遵循能够激发团队成员的创造力和创新潜能，促进文创产品开发中的创意产生和创新思维的发展。通过充分利用头脑风暴环节，团队可以集思广益，发现更多好的想法，并最终为文创产品的成功作贡献。

（2）延迟评判原则

任何想法都是有价值的想法，在进行头脑风暴时，必须坚持不对任何设想做出评价的原则，提出的设想不分好坏，一律记录下来。充分肯定设计者的每一个想法，不进行任何消极的评价，避免打断创造性构思过程。延迟评判原则的主要意义在于避免过早地扼杀创意和限制思维的可能性，该原则能够帮助团队成员保持开放的心态，不受负面评价的束缚，从而更好地发挥创造力和激发创新思维。在头脑风暴的过程中，暂时搁置对想法的批评和评判。不论想法的可行性如何，都先接受并记录下来，不加以否定或批评。这样可以避免过早地限制团队成员想象力的发挥，让他们更自由地表达和探索。延迟批判能够鼓励团队成员聚焦于思考和生成大量多样的想法，通过组织成员之间的讨论、互动和启发，促进集思广益，激发创意的产生。重要的是要让每个人都感到自己的想法有被尊重和接纳的价值。

（3）追求数量优先原则

头脑风暴的目标是在有限的时间里获得尽可能多的设想，设计师自己应提出更多的设想，同时结合他人的设想提出新设想，追求数量是头脑风暴的首要任务之一。这是因为只有一定的数量，才能保证一定的质量。参加会议的每个人都要抓紧时间多思考，多提设想。至于设想的质量问题，可留到会后的设想处理阶段去解决。在某种意义上，设想的质量和数量密切相关，产生的设想越多，其中的创造性设想就可能越多。

（4）相互综合完善原则

头脑风暴提出的设想应及时记录下来，不放过任何一个设想，以便后续设计阶段的提取和发散。头脑风暴集中提出设想的阶段结束后，大家一起协商并将所有人的想法进行资源整合。按如下程序系统化：A. 为所有提出的设想编制名称；B. 用专业术语说明每一个设想；C. 找出重复和互为补充的设想，提出想法并完善；D. 分组编制相近或相同性质的设想；E. 将提出的设想分析整理，分别进行严格的审查和评议，从中筛选出有价值的设想。

2. 文创产品开发中头脑风暴实施程序

头脑风暴是一种发散性的思维方式，但在具体实施时，需要遵循一个非常完整的程序。从准备阶段，到想法的发现，都会有大量的点子产生，再到最后的综合完善，每一个阶段都非常重要。在文创产品开发中实施头脑风暴程序时，应按照以下顺序进行。

（1）热身准备阶段

人的大脑不是一下子就可以发动起来并迅速投入高度紧张的工作的，它需要一个逐步"升温"的过程。在头脑风暴开始之前，人们的注意力往往比较散漫，需要经过一个准备阶段的调整。领导者可以将大家直接或间接地带入一些有助于热身和放松心身的小游戏，也可以通过讲幽默故事或适当提出一两个与会议主题关系不大的小问题的形式，将头脑风暴的环境调整到最佳状态。让大家身心得到放松非常关键，甚至直接影响后续的思维激荡的发散效果，只有在非常惬意、自由的情况下，才能最大限度地帮助设计师展开思路，促使设计师积极思考并畅所欲言地说出自己的意见。

（2）提出明确主题阶段

确定欲解决的问题，若欲解决的问题涉及的面很广或包含的因素太多，就应该把问题分解为若干单一明确的子问题，一次头脑风暴最好只解决一个子问题。由领导者介绍问题，一起讨论问题的核心，可以在头脑风暴中进行有针对性的思维发散。领导者介绍问题应简明扼要，不给问题设限，留给设计师较为宽泛的思维空间，利于后期的思维碰撞的广度和深度。在提出问题时，应从多维度、多侧面剖析，从多方面提出问题，注意提出问题的技巧，领导者的发言应注重启发性。

（3）畅所欲言阶段

畅所欲言阶段是思维发散的阶段，设计师团队各成员之间最好能够形成思维互补、情绪激励，充分利用联想、想象和夸张等思维方式，达到创造思维的最佳状态。

在畅想阶段，各成员之间不能相互攀谈，应该独立思考，不受他人思维的限制和影响。在方案讨论阶段，各成员应该畅所欲言，提出自己在畅想阶段的大量设想，领导者也应适时引导和组织，但不加以限制。

（4）方案完善确定阶段

在畅想阶段所得到的结果往往是没有经过深入思考的一些想法，也没有经过一些维度的限制和评价。在方案完善确定阶段，可根据已有的想法，相互提出之前可能没有想到的设想，进一步地增加想法，然后再进行评价筛选。在筛选时可将设想进行分类，如将明显可行的好点子归为一类，将明显不可行的、脱离了维度限制的归为一类，经过群体讨论决定取舍。最后，按照综合要素评价选择最优的几个方案进行进一步讨论和完善，从而得到最佳方案。

头脑风暴可根据实际情况进行程序的调整，比如有时因为时间等因素需要维度限制，但最终目的是最大限度地获得更多的想法。有时一次头脑风暴并不能得到自己满意或数量足够的方案，可根据实际情况进行多次头脑风暴。

四、文创设计草图表现与效果图表现

（一）文创产品三维表现技巧

1. 文创产品设计草图

（1）草图分类

文创产品设计草图在产品设计过程的各个不同阶段表现的方式也是不一样的，根据在实际设计当中的草图表现，可分为概念草图、形态草图和结构草图三种形式。

①文创产品概念草图

文创产品概念草图是设计师对造型感觉的整体感知和最初思考方向，它是设计师表达概念想法的最简单的草图，是一种比较简化的图形表达方式（见图2-5）。一般情况下，此类草图是概念形成过程中思维的完整体现，其内涵是通过草图形式展开创意思维，研究形态演变过程，进行产品形态的发想。此类草图只要设计师自己能理解就足够了。设计师在最初阶段思考多种造型设计的方向时，需要迅速捕捉头脑中的设计形态构思,无须过多考虑细部造型处理、色彩、结构、质感等细节。因此,在表现技法和材料的选择上没有特别要求,铅笔、圆珠笔、签字笔、马克笔均可。

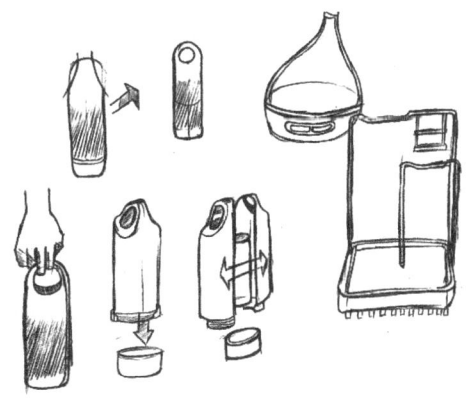

图 2-5　文创产品概念草图

② 文创产品形态草图

所谓形态的草图描绘就是设计师用可视的绘画语言来粗略勾画,它是具体准确表达文创产品设计方案的草图(见图 2-6)。这种草图可以有局部的变化,以便选择理想的设计方案。形态草图可借助马克笔、水彩、水粉等工具表达。

图 2-6　文创产品形态草图

③文创产品结构草图

文创产品结构草图的主要目的是找出结构与造型、结构与功能的内在联系，以便于更好地理解、分析产品结构。

（2）文创产品草图的表现技巧及方法

文创产品设计草图表现要求在较短的时间内表达一定的主题和内容，是对整体效果和感觉的记录，无须太多深入的细节刻画。草图表现是产品设计创意呈现的最重要的方式之一，最终的目的是要将创意构思转化为落地的产品，在进行产品草图绘制时需要考虑其特殊的要求，如工艺、材料、功能、人机关系等，力求清晰地表现自己的设计想法，是一种较为理性的表现方式。因此，在产品设计表现中，不需要像绘画那样追求所谓的错落有致，如飞笔、顿笔、颤笔等。产品设计表现上，行笔要有光滑流畅感，展现出产品的形态、肌理、材质效果等。

（3）产品设计透视图

"透视"意为"看透""透而视之"，是指在平面或曲面上描绘物体的空间关系的方法或技术。产品设计中使用的透视法是一种把映入人们眼帘的三维世界在二维的平面上加以表现的方法。由于产品设计要求在有限的时间内，不断深化和完善创意构思，对透视精确度要求不高，因此在快速表现时，无须进行严格的透视作图，但是设计师心中必须要有透视的概念，需要了解和熟悉透视作图的基本原理和基本方法。通过比较多的透视图练习，设计师一般能够较好地掌握透视变化规律、选择表现产品的透视角度和透视方向。

①产品设计表现透视理论的一般规律

近大远小：产品存在等长的线条时，远处短、近处长。产品的大小、线的粗细、色彩明度、纯度等都会因视距的变化而变化。

近实远虚：是指因视觉透视形成的近处实、远处虚的现象。在产品手绘中表现为线的深浅、冷暖变化、明暗对比强弱等。

产品透视图视平线的高低：视平线是指与眼睛等高，呈现在眼前的一条水平横线。可根据产品主要形态特征和主操作面的位置来确定，以三个观察面为佳。

②透视的分类

一般来说，透视从总体上可分为两种类型：焦点透视和散点透视。其中，焦点透视又可以分为一点透视、两点透视和三点透视。其中，三点透视在表现与人体尺度差别巨大的物体时最常用，如在建筑设计中，一点透视和两点透视在产品设计表现中最为常用。

A. 一点透视：一点透视又称平行透视，在其透视结构中，只有一个透视消失点。正立面为比例绘制，没有透视变化，适合表现一些主特征面和功能面均设置在正立面的产品，如电视机、仪表等。

B. 两点透视：当物体的一个面和画面成角时，该物体在画面的透视为成角透视，也称两点透视。透视线消失于视平线心点两侧的灭点，适合表现大多数产品。

③视角

视角包括物体的摆放角度和他者的观察角度，而产品设计中的视角主要指后者。产品设计中的视角选取应尽可能呈现产品的主要特征、细节，并能够确定产品的比例尺度。一般情况下，设计者的观察视角由产品的比例尺度决定，对大的产品进行观察时的视线会比较低，而对较小的产品一般都会从上面观察。必须引起观者的兴趣，使产品的主特征面和功能面占据主要的画面。

此外，表现图的大小也要非常注意，设计师一开始接触产品设计快速表现时，由于比较生疏，常习惯用手腕带动手来画图，往往会显得比较拘谨，画得比较小，应该逐渐熟悉用整个前臂带动手来完成设计表现。对于构思草图，在一张A4纸上有两至三个草图就可以了。

④构图

在文创产品设计中，构图是至关重要的因素之一，它对于传达理念、吸引目光和提升视觉效果都起着重要的作用。构图可以通过布局、比例和排列等方式，将设计师想要传达的信息和理念以形象直观的方式呈现出来。良好的构图能够使观众更容易理解和感知设计的主题、故事或情感，从而增强产品的传播力和沟通效果。通过构图技巧，设计师可以引导观众的视线，将他们的注意力集中在设计的关键元素或重要信息上。合理运用对比、线条、空间和色彩等要素，可以制造出引人注目的焦点，增强设计的视觉吸引力和表现力。所以，为了使作品获得良好的展示效果，作品的构图和布局是需要认真考虑的。另外，恰当的图标和合理的指示箭头都会使表现效果更饱满生动，潇洒的签名也能体现出设计师的自信。

2. 文创产品工程制图

在文创产品实际设计过程中，文创产品设计被分为迥然不同的两种程序。一种是工业设计师根据结构工程师设计的产品内部机芯的原理结构图及零部件，合理地安排产品各部件之间的关系，由产品内部出发进行设计；另外一种是由产品设计师先完成产品的形态设计，然后再由结构工程师依据产品的外观造型来设计内部结构，这是一种由产品外部出发进行的设计，这种程序多用于内部结构原理简单的产品。设计师必须了解基本的工程技术语言，了解制图的基本知识，掌握制图的基本技能，了解制图的国家标准和规范，并且能够准确识别和读取制图信息等。

在文创产品工程制图中，通常较为简单的产品设计制图是指产品的三面投影图，也叫三视图：主视图、俯视图、侧视图。

设计制图是产品设计师创意表达的最后阶段，它联系设计与生产，是把二维设计具体化的必要手段，它为工程结构设计、外观造型加工提供了数据支持，是设计表达不可逾越的阶段。另外，产品工程图也是产品设计表达视觉语言的主要构成，是产品设计师和结构工程师的交流语言。

3. 文创产品建模效果图

文创产品效果图应能清晰、准确地表达产品的造型、色彩、结构、材质甚至功能。在经过对诸多草图方案及方案变体的初步评价与筛选之后，提（选）出的几个可行性较强的方案需要在更为严格的限制条件下进行深化。这时候，设计师必须学会严谨、理性地综合考虑各种具体的制约因素，其中包括比例尺度。在现今的产品设计中，借助于各种二维绘图软件及数位绘图板、计算机辅助设计建模工具是较为常见的形式，计算机辅助设计具有手绘代替不了的优势，它能够有效传达设计预想的真实效果，为下一步进行研讨与实体产品制作奠定基础。

（1）计算机建模

计算机建模是一个使平面化表达变成立体化表达的过程，使效果图更加直观地表达设计师的创意。建模过程也是一个调整过程，在草图设计中，尺寸概念很模糊，难免会有一些出入，建模时可以根据参数进行调整，提升产品的合理性和完整性。

在建模的整个过程中，细节处理也相当重要，产品的细节表现得越丰富，越能够展现产品的真实性，比如边缘的一个小倒角、壳体之间的装饰缝、小图标等。

（2）文创产品的渲染

有一个说法是"三分设计，七分渲染"，当然这种说法有失全面、客观，但是在一定程度上说明了渲染效果具有很强的说服力。产品的渲染可以使作品看起来更完整，更接近商业的水准，渲染出来的产品一定要像个真实的产品，目的是让客户能感觉到它的真实存在。

文创产品的渲染有三个要素：光影（表现产品的细节）、材质（表现产品的质感）、配色（表现产品层次感官）。在渲染的过程中，需要不厌其烦地调整和反复尝试，一定要掌握和领悟这三个要素，以得到最佳的渲染效果。

（3）文创产品的效果图处理

效果图处理这一步骤是为了弥补渲染效果的不足和补充。在渲染的过程中，产品的细节和渲染的三要素（光影、材质、色彩）不可能做到尽善尽美，需要用Photoshop进行进一步处理，如增添标志、优化肌理效果等。

（二）平面作品表现技巧与风格

1. 视觉元素的提取与转换

（1）概念与符号

所有的设计都是从概念开始的。从概念产生的第一刻起，直至作品的最后完成，设计师要做一系列决策，其中包括图形形状、大小、纹理、色彩、语言形式。先立意，明确概念，再根据概念的特点和表达点去寻找、选择、加工、组织、创造适合的形式和形象，使之成为承载概念的形象载体。

（2）形的提取与衍变

"形"一般指事物所表现出来的物象外形与结构。中国画论中，形似，指再现自然形态的表象因素；神似，则指形象精神因素的表现。取其"形"不是简单的照抄照搬，而是对符号的再创造。这种再创造是在理解的基础上，以现代的审美观念对原有造型中的一些元素加以改造、提炼和运用，使其富有时代特色；或者把已有素材符号的造型方法与表现形式运用到现代设计中来，用以表达设计理念，同时也体现个性。

（3）意的沿用与延伸

设计师不仅要能够对一个基本形进行提炼和创新，同时还要能够探求和挖掘蕴含在它们背后的"意"。因为不论是古人还是今人，对美好的事物都一样心存向往，所以，除了要把能够让人们达成共识的"意"体现出来，沿用到内涵之中，而且要延展出更新、更深层次的理念精神，使其更具有文化性与社会性，以此作为拓展设计的另外一种方法。在文创产品设计中运用"意"的衍生，能够更好地传承和传播产品中的文化内涵。在中国传统文化中，在米缸上贴"满"字，寓意粮食丰收、财富充盈，将米缸形态设计成适用于现代生活场景的储钱罐，沿用了米缸财富充盈的寓意，充满趣味。

（4）势的体会与传承

"势"通常指图形所蕴含的气韵及其所表现出来的态势和气氛。"势"能传达整个图形的精神。传统艺术在"势"这一点上，特别有代表性的还是中国的书法。书法从观察自然界万物姿态而得到启示，精心结体而成，经过几千年的发展演变，形成了各种不同时代的个性与风格。可以看出，大篆粗犷有力、写实豪放；小篆浑圆柔婉、结构严谨；隶书端庄古雅；楷书工整秀丽；行书活泼欢畅、气脉相通；草书飞动流转、风驰电掣。书法不仅重结体，更重笔势。结体仅仅是书法运笔的依据，而书法个性形态的形成还是靠其"笔不到而意到"的笔势。"势"的体会与传承是对于"形"和"意"的沿用，可以说是对后者的发展和提升；而一种新形式的创造，需要摆脱传统的物化表象，进入深层的精神领域去探寻。

2. 平面作品表现风格

（1）平面装饰风格

文创产品设计中的平面装饰风格是指在平面设计中运用各种元素和技巧来创造独特的视觉效果，以达到表达主题、传递信息和吸引目标群体的目的。平面装饰风格包括色彩搭配、图案设计、排版布局和符号等。

在选择平面装饰风格时，设计师通常会考虑产品的定位、受众需求和设计理念。不同的风格可以呈现出不同的氛围和情感，从而产生不同的视觉冲击力。

一种常见的平面装饰风格是简约与现代主义风格。这种风格注重简洁、大胆和功能性，在设计中使用简洁的线条、几何图形和扁平化的色彩，以及最少的装饰元素来营造整体的和谐感和现代感。另一种流行的风格是复古与怀旧风格。这种风格通过运用老式的图案、颜色和字体，带给人们一种怀旧和复古的感觉，让人们回忆起过去的岁月，具有浓厚的个人情感和温暖的氛围。

另外，还有自然与有机风格，这种风格青睐大自然的元素和有机形态，运用自然的色彩、纹理和图案，以及富有生命力的形状和线条来打造出自然、放松和舒适的感觉。现代文化与流行趋势也会影响平面装饰风格的选择。例如，使用明亮的色彩和夸张的图案组合，将艺术与设计相结合，以创造出前卫、时尚和充满活力的风格。

（2）插画风格

插画的范围非常广泛，可以囊括所有的插图，它既是文字的有力补充，同时也是用来传达作者意识，表现气氛、情感或意境的媒介，由于插画带有作者强烈的主观意识，因此它的形式多样，审美标准也具有多元化的特征。文创产品中的插画，既可以是为特定文化内容和场景绘制的，也可以成为表达作者内心情感的载体。

（3）漫画卡通风格

卡通原本是动画电影中拟人化、漫画化的动物及人物形象，因其活泼可爱的外形而广泛用于商业设计中，成为专门的卡通图形。夸张、变形是漫画卡通的精髓，在进行创作时，要依据具体的形态、性格及其特征为出发点，可以手绘，也可以利用现代化的工具来进行创作。漫画卡通也有不同的风格，既可以创作有悖于常态、常理的内容，也可以构建现实生活中不存在的形象、情景和情节。

（4）原创风格

原创是指设计师根据主题的要求，自己绘制或请艺术家绘制的图形。不管是中国的写意画、书法，还是剪纸、素描等其他绘画手段，有些图形只有寥寥数笔，笔风粗放甚至还带有一些稚拙，却能把设计的主题和需要传播的思想感情充分地表达出来。同时，它具有一种摄影、电脑绘制等不能达到的艺术境界和独特的视觉魅力。

五、平面作品打样与产品模型制作

（一）平面作品打样

打样是使产品质量获得预定工艺设计效果的必要途径，也是检验制作是否符合实际效果的工艺措施。特别是一些精细的产品更要通过打样才能获得较好的质量效果，若不经过打样就盲目成批投资生产，极易产生质量问题，甚至可能造成重大经济损失。所以，严格执行工艺规程，认真进行打样预生产，通过打样修正工艺上的缺陷，对确保成批产品的质量具有十分重要的意义。

平面作品是根据作品存在的形态表现为平面而得名的。它包括图书、报刊、绘画、乐谱、照片、电影电视片、工程设计图、产品设计图、地图、示意图等。平面作品与立体作品并无绝对界限，有些平面作品也具有立体作品的性质，如厚度较大的图书，也表现为立体形态，有些雕刻，也表现为立体形态。在文创产品设计中较常见的平面作品有土特产包装、书签、明信片、手绘地图等。

1. 打样流程

在平面作品打样之前，应与专业人员充分沟通，确定印刷数量、纸张类型、纸张克数、印后工艺、周期等。作品打样应遵循如下流程：小样—大样—末稿—样本。

（1）小样

在平面作品展开图尺寸较大的情况下，小样是平面设计师用来具体表现布局方式的大致效果图，省略了细节，表现出最基本的东西。直线或水波纹表示正文的位置，方框表示图形的位置，通过小样预估效果从而调整版式等。

（2）大样

在大样中，平面设计师画出实际大小的作品，提出候选标题和副标题的最终字样，安排插图和照片，用横线表示正文。设计师可通过大样进一步预估成品效果，与客户和印刷专业人员进行沟通调整。

（3）末稿

末稿一般都很详尽，几乎和成品一样。有彩色照片、确定好的字体风格、大小和配合用的小图像。在末稿阶段，平面设计师设计的所有图像元素都应最后落实，检查细节，可作局部微调。

（4）样本

样本基本上反映了作品的成品效果，平面设计师借助彩色记号笔和电脑清样，然后按尺寸进行剪裁和折叠。

2. 打样质量要求

打样的样张或样品应该是在该批印刷品所确定的印刷条件生产的，否则，打样的质量再高，也是没有意义的，因为实际印刷生产无法达到。

在确定生产条件可以生产的前提下，样品应该是高品质的。因为样品将作为印刷生产时的依据，如果样品本身质量低劣，以此为标准，必然导致印刷品质量低劣。

（二）产品模型制作

模型是所研究的系统、过程、事物或概念的一种表达形式，这里指根据实验、图样比例而制作的产品样品。由于模具开模的费用一般较高，需要投入较大成本，具有比较大的风险性，所以在多数情况下会先选择模型制作，通过评估后再进行模具开模。相对模具来说，模型制作具有成本低、加工快等特点，同样可以对产品的造型进行反复推敲和检验，应用较为广泛。

1. 模型制作的作用

设计是一个创造性的思维过程,是一个并不能完全呈现客观的过程。虽然随着技术的进步,我们可以通过计算机效果图很好地展现三维效果,但并不能让我们真实地感知到。模型是设计师表达自己设计想法的手段之一,设计师也可以通过模型去推敲产品的细节、完善方案及评价产品的综合效果等。在方案评估环节,模型展示通常是比较直观有效的形式,是开发新产品不可或缺的环节。总体来说,模型在产品设计中的主要作用有以下三点。

(1)设计实验探索、完善设计方案

通过模型对产品的形状、结构、尺寸等多维度进行综合评价分析,发现设计中所存在的不足,从而完善产品。

(2)方案展示、交流探讨

通过模型能够较好地感知真实产品,与非专业设计的委托方沟通起来将更为便利。通过模型模拟展示设计内容,是一种比较好的设计表现与沟通方法。

(3)降低验证成果的成本

在产品的研发过程中,模具的开发成本高昂,如果前期不能够反复推敲,一旦产品出现问题,将耗费较大的成本。利用模型能够以低成本去评估验证设计,并能够不断完善产品。

2. 常见模型的分类

(1)按功能分类

根据产品在设计中发挥的作用,可将产品的模型分为草模、展示模型、手板样机三种类型。

①草模

草模是初步简易的模型,也叫粗模,这种模型是设计师在初期阶段的设想构思,是一种非正式的模型。草模和概念草图一样,是设计师对造型感觉的整体感知和最初思考方向,它是设计师表达概念想法的最简单的探索方式,是设计师的自我对白。通过草模可以对设计进行推敲和修改完善,为进一步进行细节探讨和设计等奠定基础。草模在选择材料时应以易于加工成型为原则,一般以纸、石膏、滴胶、黏土等为首选。

②展示模型

展示模型是展示设计效果的模型,也叫表现性模型,一般需要表达出产品的真实形态，展现设计师的设计意图。这类模型通常采取模拟真实材料的质感和效果来完成，但制作材料一般和实际材料有所不同，塑料材质较为多见。由于真实产品的制作成本往往较高，此类模型仿真效果较好，因而其常被用作设计展示交流和设计效果验证评估。

③手板样机

手板样机是一种综合的实验模型，是工业设计领域应用比较普遍的检验设计成果的方法。手板样机是产品量产之前，通过手工和加工设备辅助结合完成的模型，一般来说，手板样机完全符合产品的生产技术和工艺要求。通过手板样机能够检验产品的外观和结构的合理性，以展览等方式得到市场用户的反馈，可以降低直接开模的风险性。

（2）按材料分类

在模型制作过程中根据设计产品所需表现的特性选择模型制作材料尤为重要。常见制作的模型类型有纸模型、石膏模型、泥模型、木材模型、综合材料模型等。

①纸模型

纸质材料具有比较强的可塑性，可用折、叠、刻等多种方式进行加工。同时，纸质材料的种类也比较多，如瓦楞纸、铜版纸、白卡纸等不同厚度和肌理的纸张。纸模型多用于包装、灯具等产品的模型制作。

②石膏模型

石膏材料成本低，质地较为细腻，且具有一定的强度，有良好的成型性能。石膏的另一个特点是可以进行细节雕刻，并能够长期存留。石膏模型的常见成型方法有雕刻、旋转和翻制等成型方法，具体成型方式应根据所需做的模型形态而定。

③泥模型

泥材料根据其组成分为水性黏土和油性黏土，采用水性黏土材料制作的模型叫作黏土模型，而采用油性黏土材料制作的模型叫作油泥模型。泥料具有可塑性，富有弹性，表面柔韧，可以把手看成是塑造的工具对泥土形状进行改变，也可以通过堆积、粘接等方式塑造形体。

④木材模型

木材质量轻，色泽和纹路自然，易于加工成型和涂饰。对木材通过刨切等各种方式，可以得到木材本身的质感和美感，较珍贵的木材可用于制作首饰等产品。

⑤综合材料模型

综合材料模型指根据产品的造型及材质的特性选择合适的材料，将多种材质的塑形特点进行结合，避免使用材料的局限性。

3.3D 打印技术

3D 打印技术的横空出世为人们的生活及工作带来较多的便利条件，同时也增强了设计师对产品的创造的实现能力，给人们生活带来了较大的影响。3D 打印技术是一种快速成型的技术，其特点是不需要机械的额外加工或模具，就可以直接生成较复杂的形体，可以缩短产品的制造周期，从而降低生产成本。

3D 打印技术的核心在于，它可以满足高难度、复杂、个性化的设计需要，只有当传统生产方式生产不出来的时候，它的魅力才能显示出来，使得设计师可以将所有的精力放在设计上，而不需要花很多精力和时间去迁就制作方式，所以 3D 打印是对传统生产方式的一种补充和升级。在个性化的产品和制造上，3D 打印和 3D 设计可以很好地结合在一起，因为 3D 打印技术以其独特的外形塑造能力，在文创领域具有先天优势。如 2018 年的深圳文博会，3D 打印文创产品成为该次博览会的最大亮点之一。目前，我国 3D 打印技术在博物馆的应用主要有三个方面：一是对残缺文物的修复，二是文物的复制和仿制，三是文物衍生品的开发。

第三章
文化创意产品设计中的文化与创意分析

　　本章主要内容是文化创意产品设计中的文化与创意分析,从三个方面进行介绍,分别是文化创意产品设计中的文化传承理念、文化创意产品设计中的多种文化元素,以及文化创意产品设计中的创意思维模式。

第一节　文化创意产品设计中的文化传承理念

一、袭古厚今

文化也可以解释为人类利用自己的大脑与双手所创造的一切财富（物质和精神）。设计是造物活动，是人类物质文化和精神文化的创造活动。

正是袭古厚今、兼收并蓄世界其他文化，四大文明古国中，只有中华文化延绵不断地构建传承到今天，形成悠久深厚的人类文化宝库。中华民族也在历史上的无数次危机中，挺立不倒、百摧不垮，巍然屹立在世界民族之林。

文化的构建是传承的构建，文化的发展是传承的发展。设计的发展必然也是不断构建传承的发展。袭古厚今同样也是文创产品设计可持续发展的指导思想。

二、天人和谐

设计是造物活动，设计的结果是创造出产品。产品的最基本功用是辅助、延伸和替代人的四肢及大脑（也包括五官）。除此之外，产品还是人与人之间、人与社会之间、人与自然之间传递文明、交流文化、构筑生态世界的最直接、最实用、最方便的载体或途径。

回顾历史，产品也总是或多或少地印记了制造产品年代的文化特质及标记元素。比如，仰韶文化中的双耳尖底汲水罐不仅兼具打水、提担、烧煮、祭祀等多项功能，也是印记五千年前华夏先民利用泥土制坯烧陶文明活动的活化石。

产品也是影响民俗、民风、民间习惯形制及发展的重要载体。考古记载，从商周开始一直到隋唐，延绵几千年中，条、案、几（产品）一直是我国古人的主要家具，因此形成了席地盘腿而坐的习俗及相关的礼仪，对笔墨纸砚用品的形制、书写方式亦产生了重要的影响。唐代国运昌盛，国际交流商业通衢，从西域（今中亚地区）引进了大量奇特的生活用品、工艺品、礼品。其中就有交椅，这种源于马背民族的日常坐器，经过许多能工巧匠的改进，创造和派生出了形形色色的凳子、椅子。到了宋代，贵族和百姓改变了几千年的席地盘腿的坐姿。又过了两百年，一种结合中国传统论资排辈、三纲五常文化内涵和礼仪、为世界叹服的明朝官帽椅、圈椅登上了历史的舞台，成为文化里程碑的产品，成为中华民族为人类做出巨大贡献的一个标志性产品。如今，世界上著名的博物馆几乎都以收藏明朝的官帽椅作为中华文物的代表。

唐朝鉴真和尚东渡扶桑（今日本国），不仅是弘扬佛法，也带去了许多中华文化代表性的器物、工艺品、礼物。今天，条、案、几、和服，以及奈良和京都的唐代建筑（包括飞檐和斗拱），成为日本引以为豪的产品。

产品在实现其功能的同时，也在改变和创造新的文化文明，创造新的生活、学习、工作、娱乐的理念和方式。但是必须指出的是，产品也会破坏文化、破坏文明、污染环境、破坏生态、危及人类、威胁并毁灭物种。人类制造的钢铁可以用来生产摩天大楼的钢筋结构件，做日常生活的各种工具器皿，也可以用来制造枪、炮、核武器，成为危险的武器。面对以无数生命为代价构建的人类社会发展史，人类才开始客观真正地思考过去，思考战争、细菌、病毒、环境破坏、物种消失、海平面上升、不可再生的自然资源被疯狂掠夺，以及频繁出现的传染性极强的新型病毒。人类应该认真思考产品设计的意义和作用，思考在人类文明发展中，产品设计的积极意义、消极意义，乃至破坏意义。

作为可持续发展的有形状的物化载体，产品设计的目的及宗旨是发展文化、发展文明，发展以人为本的文化，发展保护自然、保护生态的文化，发展传承自然和人类文化遗产（包括物质和非物质）的文化。产品设计的目的及宗旨更是实现和达到这样美好的境界：人与人之间的和谐；人与社会之间的和谐；人与自然之间的和谐。

三、跨文化传承

从消费者的角度看，文化对于文创产品设计的意义在于，文创产品设计所涉及的物品、环境和视觉符号都可以称为"文化细节"。文化定义了人，文化细节的差异使不同人之间的差异外显，换言之，物品、环境和符号，这些原本是人为自己服务而造出的物被异化，成为定义人及不同群体的特征的重要依据。因此，人已经不能随意选择物，而不得不根据自己的文化背景选择自己使用的物品、栖息的环境等。多数情况下，人们会选择与他们的文化背景相吻合的物品或服务。

从文创产品设计主体的角度看，文化对于产品设计的意义在于，文创设计师面对的是广阔而多样化的消费市场，消费者具有不同的文化背景，有自己的文化偏好和禁忌，当文化不同时，其差异主要体现在人的品位上。不同文化背景的消费者对同一产品性能的要求基本类似，而对由于文化所导致的产品特征的需求却截然不同。

文化差异在设计师进行跨文化设计（例如为跨国公司做文创产品设计）时，显得尤为重要，如果不加重视，很可能导致重大的设计失误。

文创设计师该如何针对不同文化背景的目标消费者进行有效的设计，避免失误。笔者认为应从以下几个方面入手。

A. 避免自我参照标准。

B. 在文创产品设计的前期准备中做一定的文化调研。

C. 认知、理解、接受和尊重不同文化之间的差异，尤其小心应对对方文化中的禁忌。

D. 不要试图将一种文化强行移植到另一种文化中，但可以发挥文化的移情作用。

第二节　文化创意产品设计中的多种文化元素

文化创意源自文化元素。我们生活在历史悠久的中华文化圈里，创意资产随处可见。碍于自己对于文创的学习尚在初期阶段，我们可能对这些文创资产视而不见，例如，许多人到"天一总局"参观，都说那不过是一间破旧的房子，但在古建筑学家的眼中，它可是 16 个中国近现代重要遗产之一。

在建筑装饰性雕刻中，我们看见中华文化的忠孝节义化身在雕梁画栋间，更有名流士绅在墙柱间题诗撰文。传承和发扬文化是文创重要的主干，没有传统文化元素，这样的文创就缺乏继往开来的责任与担当。

中国有丰厚的历史文化，特别是在博物馆里，不仅有系统的古文物展示，同时还提供文字说明与导览介绍，学生可以从文化出发，从中萃取文化元素，经由设计文创商品，让文物走向现代生活。这些文创商品同时也能促进经济发展。

以博物馆为例，近些年来，苏州博物馆文化创意产品的开发经营越来越好，苏州博物馆文创产品的销售额翻倍增长。2014 年，明星产品"国宝味道之秘色瓷莲花碗曲奇"获"弘博奖 2014 中国博物馆文化产品优秀奖"；2015 年，"沈周玉兰缂丝钱包"获"中国工艺美术文化创意奖"铜奖，苏州博物馆入选首批"全国博物馆文化产品示范单位"。

原本放在展览柜子里的古文物，通过文创设计，迎合了时代需求，让古文物有了新生命。除了课本知识，博物馆、各地历史景点，都有值得观察和取样的文化元素，以石狮子为例，但因为受时代、安置场所和地域不同的影响，外形也会有所差异，从而成为各地特色，正好成为文创设计元素。

在生活中，其实也可以找到创作的材料。例如在瓷都景德镇，千年瓷业，孕育出历朝历代绝美的瓷器，在颜色、图案、形制中，都有优秀的表现成果。置身瓷都，从制作技艺、釉色、工序中，都可以找到文化元素，进行创新。这种后出转精的技艺进程，不仅表现在官窑创作，也表现在民间制瓷艺人的作品中。

在闽南师范大学旁的漳州古城，有千年历史，宋代建的桥梁、沟渠与文庙，都留下当时的建筑特色与文化元素。课堂进行中，笔者会带学生到古城游览，讲解建筑中的装饰性元素的文化象征意义，并从功能、颜色、形制等，解释这些元素的精湛技艺与美好寓意。

中国文化中有无数瑰丽的文化素材，是我们在进入文化创意时，获取文化元素最大的宝库。

中文系学生以中国文学为学习内容，文学文化的范围，既广泛又深刻，不仅表现在古人的文学作品中，也表现在古人的生活中。例如在宋代人文艺术的盛行下，士大夫普遍追求雅致的生活。宋人吴自牧、周密的《梦粱录 武林旧事》中记载的"烧香点茶，挂画插花，四般闲事，不宜累家"①，点出了宋代文人生活的四种优雅活动。

文人的烧香并非为了祈祷，而是依照自己喜欢的味道调配天然香料，在不同场合焚香，通过香味展现自己的品位。宋徽宗所绘的《听琴图》(现藏北京故宫博物院)，就在画中画了一只香炉，袅袅香烟在空中盘绕，带出画面优雅安逸的情调。香味成了士大夫的品位，因此各个贵族士大夫皆有自家专属调香，并形成宋代雅俗共赏的用香文化。

在老建筑里，承载中国文化元素的物件更多，如花板、石雕、墨画、彩绘、剪黏、亭台楼阁，在今天或许已经损坏或破旧，或静静躺在博物馆里，需要我们走更多的路、花更多的时间去找寻，但这是值得的。特别是近几年来，历史古建物不断被发掘和重视，许多精致装饰物件仍然在时间中静静等待我们去发掘，在《古村落信息采集手册》一书中，有许多调研方法，学生可以参考、学习，类似的书籍还有很多，都是很好的工具书，可以帮助我们在古建筑中发掘装饰性文物，并且加以运用。

---

① (南宋)吴自牧、周密：《梦粱录 武林旧事》，傅林祥注，山东友谊出版社2001年版，第279页。

总而言之，在文化创意产品设计中有多种文化元素可以应用，无论是从建筑中，还是从文学中，抑或是从工艺、地域民俗中，都可以发现大量的文化元素。

第三节　文化创意产品设计中的创意思维模式

一、创意思维的基本原理

（一）打破传统的思维

设计思维的核心是创意思维，没有创意思维就没有设计，整个设计活动过程就是以创意思维形成设计构思并最终生产出设计产品的过程。但是真正实现"创意"还有相当长的一段路要走。

在传统的社会价值观的引导下，人们感到一切变动都不必要，一切创造性都是坏的。我们应该意识到传统不是用来打破和超越的，而是用来延续和拆解的，认识到延续比打破更为重要。大家经常提到"我们知道的，他们早就知道了""总以为自己是独创，但是其实前人已经做出来了，而且做得比自己更好"的观点。所谓的传统的压力和张力便在这里了。严格地说，可以看成自己特有的东西几乎是微乎其微的，任何单凭特有的内在与自我去面对无限的世界都会是无止境的摸索。人类史上最伟大的发明是什么？答案竟然是轮子。因为从第一个轮子被设计出来以后，它的基本外形就没有变过。但是类似于轮子这种近乎完美的创造性设计实在是太少了，大部分的设计都还在改良。针对现有事物的材质、用途、尺寸等进行调整，所需的脑力不亚于新发明，有时候甚至会比新发明还耗费脑力。所以，在做产品设计的时候只要能表达一点点的不同，就有体验不尽、创作不尽的材料了，而且时常是新鲜有力的东西。在图3-1中，你看到的是什么？

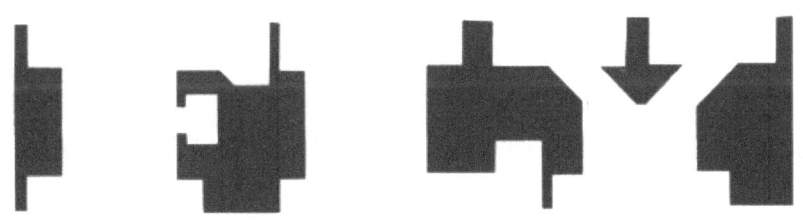

图3-1　设计图案

大部分人看了后会觉得画的是箭头、水龙头，或是像钉子之类的图案。但是当我们得到提示之后再仔细看，会很容易发现其实是一组字母"F、L、Y"。那为什么一开始没有看出来呢？这就是由我们以前的思维定式造成的。

"众里寻他千百度，蓦然回首，那人却在灯火阑珊处。"（《青玉案·无夕》）这是我国古代词人辛弃疾的词句。他用很美的语言概括了一个人苦苦找寻另一个人，很久都找不到，谁知道原来那个人就在他的背后，只是自己一直都没有回头而已。这也是由我们的思维定式造成的，我们思考问题总是沿着一个方向、一条路走到头，从来没有想过会从另外的一个方向来思考这个问题。我们从小到大看到的图案都是白底黑图，所以头脑里的思维定式理所当然地就认为该把黑色的图案辨识出来，于是就出现了箭头、水龙头等。当我们打破头脑里的思维定式以后才恍然大悟，原来飞翔（FLY）是如此的容易，与我们是如此接近，只要我们一回头，就可以轻而易举地展翅高飞了。

看看怎样才能找到这个迷宫（见图3-2）的出口。

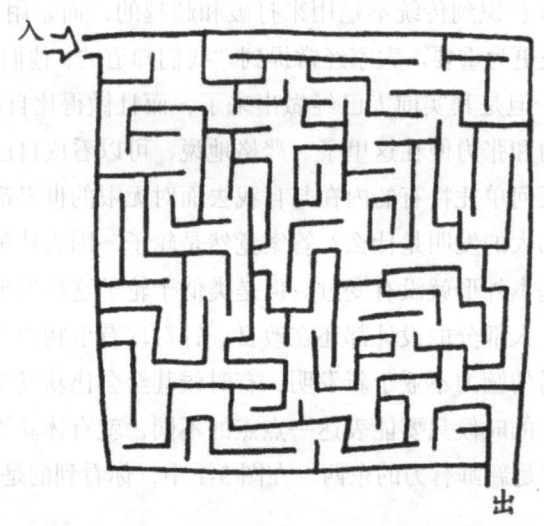

图3-2 迷宫

实际上，它并没有标准答案，在创意思维的世界里，没有标准，也没有答案，只有可能。能想到最多可能性的脑袋，就是最有创意的脑袋，也就是最具有创意潜能的脑袋。

（二）创造性与再创造性

怀海德（Whitehead）在《教育的目的》中讲了这样一段话："一所大学是充满想象力的，否则它便什么也不是……只有最高管理机构采取克制的方式，牢记不可用管理普通商业公司的条理和政策来管理大学，那时我们的现代大学教育体制才能够取得成功。"①

我国的大学教育受传统文化的影响非常明显。我国所推行的知识教育更多是培养人们从事非创造性的"再造性"活动的能力。而独创力的培养属于能力开发的范畴，即培养人们面向未来、从事具有创造性质的开拓性工作的能力。一般说来，如果一项活动只是依靠吸收、模仿、学习等重复的过程，而不具有某种变革和突破，则属于再造性的活动。再造性活动是一种基本上利用现有的知识和经验，或者只做一定程度的调整就能完成的活动，其特征是遵守规则、规范，不许节外生枝、随意改变。再造性活动占人类活动总量的绝大部分，它量大面广，与绝大多数人休戚相关。比如：常规生产中，各种工艺要求以技术文件等形式下达给操作者，操作者严格执行，这样才会生产出与标准样品完全一样的合格产品；在农业生产中，人们日出而作、日落而归，春播、夏作、秋收、冬藏，年复一年，代代相传；会计工作中的设置账户、复式记账、审核凭证、登记账簿、成本计算、财产清查、编制会计报表等都是绝对规范而统一的。从某种意义上来讲，再造性活动的实质是追求"把事情做好"，而创造性活动追求的则是"做最好的事"。但是在一般情况下，任何创新都要承担一定的风险。即使一个小小的创新的想法，也有可能让你在众人面前丢脸，或者考试不及格。面对这些问题，还有多少人能够有创新的勇气？

从表3-1可以看出再造性活动和创造性活动的区别，同时应该注意到在人类的实践中"把事情做好"与"做最好的事情"都是缺一不可的。如果一个社会总是进行再造性活动，没有创新，那么社会就会停滞不前；如果一个社会总是进行创造性活动，总是不断创新，没有人去维持社会正常运转，那么社会就会不安定。

---

① ［英］怀特海：《教育的目的》，徐汝舟译，生活·读书·新知三联书店2002年版，第144页。

表 3-1　再造性活动与创造性活动的特征比较

内容	再造性活动	创造性活动
意义	基本上靠传统办法就能完成的活动	必须进行变革、突破才能完成
性质	继承	突破
活动的规范	按老规矩办事	打破老规矩，建立新规矩
作用	维持社会正常运转，保证计划的完成	促使社会达到"质"的跃升
技能来源	学习	探索
学与干的关系	先学后干	干起来学，边干边学
涉及专业	较单一，在所学所属专业范围内	较广泛，一般横跨多个专业
非智力因素	意志占突出地位	胆略、意志、进取精神占突出地位
智力因素	记忆占突出地位，知识和经验非常重要	洞察力、想象力、灵感协调配合
思维特点	以逻辑思维为主	逻辑思维与非逻辑思维协调，以后者为主
效果追求	把事情做好	做最好的事情

（三）扩展创意思维的视角

独创常常表现为打破常规，追求与众不同。要打破常规就要求思维具有批判性；追求与众不同就要求思维具有求异性。富有独创力的人常常用一种近乎挑剔的眼光看问题，并总是能提出与众不同的、罕见的、非常规的想法。

画家杜尚在1913年发表了一件将自行车车轮倒立放在木凳上，并被称为"达达主义"表现手法的作品。现代艺术从杜尚之后出现了现成品艺术，杜尚的伟大之处就在于他改变了人们关于什么是艺术品的观念，他认为任何一件东西只要给出一个特定的场所，取一个名字，就是艺术品。从古至今，人们都把达·芬奇的《蒙娜丽莎》当圣物般膜拜，但是只有杜尚敢于给她加上胡子，从游戏的角度来看待这幅画。所以说，杜尚是一个创造性极强的人，他善于思考，善于打破习惯性思维。他一生虽然只创作了29件作品，但每一件作品都惊世骇俗，在当时都造成了重大的影响，并且对现代艺术产生了不可估量的作用。对于创意思维来说，我们平时习惯性的思维是一种消极的东西，它使头脑忽略了习惯性之外的事物和观念。但是对于我们来说，习惯性的思维似乎是很难避免的东西。它就像一副有色眼镜，戴上它，整个世界都是眼镜片的颜色，但是如果摘掉它，世界就会变得模糊不清。

解决这个问题的办法就是尽量多地增加头脑中的思维视角，学会从多种角度观察同一个问题。如果我们头脑中的有色眼镜无法摘除，那么我们可以多戴几副有色眼镜来看待同一个问题。比如，我们先戴黄色眼镜，整个世界就是金色的、闪闪发光的；换上蓝色眼镜，世界马上就变了，变成了大海和晴朗的天空；再换上绿色眼镜，世界便呈现出一片生机勃勃的样子；如果再换上灰色眼镜，世界便变得暗沉，生命变成灰色。

如一个小便池，在一般人眼里就是一个小便池，但到了杜尚的眼里，它就成了艺术品《泉》。我国著名的诗人苏东坡有一首诗是这样写的："横看成岭侧成峰，远近高低各不同。不识庐山真面目，只缘身在此山中。"（《题西林壁》）从这首诗中我们了解到，如果要全面地看清楚庐山，仅从一个角度去看是远远不够的，因为每变换一个角度，庐山的面目就变换一次，所以要想看清庐山的全貌，必须从多个角度去看。同样的道理，观察下面的这几个图形，并找出与众不同的一个。（见图3-3）

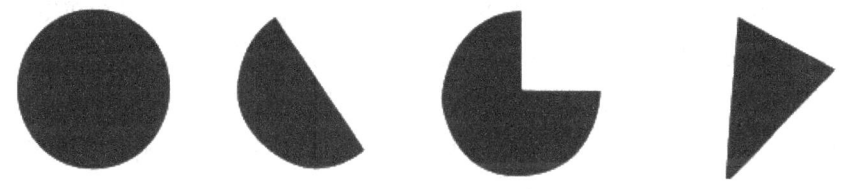

图3-3 几何图形

答案是每一个图形都与众不同。因为从不同的角度看，每一个图形都是独一无二的。但遗憾的是很多人在找到一个图形并指出了它的与众不同之处之后就停止了，再也不去想是不是还有其他的答案。因为从小到大所接受的教育告诉我们，任何事只有一个标准答案，所以我们在长大后遇到任何事，只要找到了一种解决的方法就停滞不前了。但是在设计上，对待一个问题只从一个角度来看是远远不够的，我们必须学会从不同的角度来看待同样的事物，这样看待问题才能全面，因为设计是没有标准答案的。我们在设计时可以从以下六个角度来看待和分析问题。

1. 肯定的角度

肯定，即对事物的认可，肯定是一种态度。成功的基础是态度，态度比能力更重要。要从细节中去感悟态度，要有正确认识自我的态度。我们每个人的个性、天赋、才能、所处的环境等不同，我们所要做的，是要认真分析自己的特点，找出适合自己做的事情，而不是抱怨自己，更不能抱怨别人。不论在什么情况下，不论遇到什么困难，都要有一个积极向上的、肯定的人生态度。在复杂的环境中保持肯定的态度，需要自我激励，要认可自己，鼓励自己，正视自己，正视困难和挫折。用肯定的态度去进行创意设计也是一样，有一个肯定的态度，内心就会有自信，更加积极地去进行思考，从而做出更加有创意的表达。

2. 否定的角度

否定视角与肯定视角相反，否定也可以理解为"反向"的意思，就是从反面和对立面来思考一个事物。即把事物或观念认定为错误的、坏的、有害的、无价值的等，并在这种视角的支配下寻找这个事物或者观念的错误、危害、失败、缺陷之类的负面价值。

从反面来考虑事情，或者颠倒过来考虑，会产生意想不到的创意。

1901 年，在伦敦某个火车站，一个关于除尘器的公开表演吸引了不少人。人群中有一位叫赫伯·布斯的英国土木工程师看得最起劲。这种除尘器除尘的方法很简单，就是将灰尘用力吹走。虽然灰尘被吹走了，但是全吹到路人的身上了。回到家中后，赫伯·布斯苦思冥想：吹尘不行，那么反过来，吸尘行不行呢？他用手帕蒙住口鼻，趴在地上用嘴猛地吸了一口气，再一看，手帕上吸满了灰尘。于是，吸尘器问世了。厨房里的抽油烟机，同样也运用了这样的原理：电扇反转，就能抽走厨房里的油烟。日本设计出了一款"反复印机"，这种复印机和传统的复印机完全相反，被复印过的纸张通过它后，上面已有的图文会消失，纸张会还原成一张白纸，既节约了资源又创造了财富，是一个非常好的设计。

3. 传统的角度

每一个社会、国家都有其历史，因而形成了各自不同的独特文化。在设计的时候如果能够从自身的文化出发，就有可能设计出更有内涵或更有特色的作品。

4. 相同的角度

任何事物或观念之间都有或多或少的相同点，在设计时抓住这些相同点，便能够把许多看似毫不相干的事物联系起来，从中发现新的创意。

日本一家专门经营文具用品的小公司，生意一直不好。公司里的一位新职员发现：顾客总是一次要买几种文具；小学生的书包里也总是乱七八糟地放着钢笔、铅笔、尺子、橡皮擦等用品。于是，她就想能不能把各种文具组合起来一起卖呢？后来这个公司精心设计了一个盒子，里面装了五六种常用的文具。结果这种"组合式文具"大受欢迎，在一年之内卖出了 300 多万盒。

把这种思维方式运用到产品设计中，洗衣机在洗衣服的时候会震动，设计师抓住了闹钟和洗衣机都会震动的共同点，设计出了洗衣机造型的闹钟。

5. 相异的角度

"世界上没有两片完全相同的树叶"，由于每一种具体事物都有无限多的属性，所以任何事物之间都不可能完全相同，都可以找到差别。相异视角就是抓住这些区别来进行新的设计。随着市场竞争的日渐激烈，各类商品丰富起来。那么，怎样才能使商品脱颖而出呢？这就要求商品必须有特色，才能吸引顾客。东京有一家手工装饰品协会，专门制作形状各异的胸针，全是手工制造，每一枚胸针都不一样，因此吸引了很多女性消费者。

创立 Smart 品牌的想法来自瑞士手表制造商 Swatch（斯沃琪），20 世纪 80 年代后期，生产 Swatch 手表的 SMH 公司首席执行官尼古拉斯·哈耶克（Nicolas Hayek）从自己企业的手表产品中获得了灵感，他认为当前的汽车工业在逐渐向"大而豪华"的方向发展，而忽略了一种经济、时尚又能代步的车型，因此他决心开发出一种轻便经济的代步小车，就像 Swatch 手表一样，小巧而时尚。起初的设计理念很简单，可容纳两人乘坐即可，并且为了达到更高的燃油经济性，最初新款车设计为混合动力系统。

虽然这款车最终没有采用混合动力系统，但它在多个国家的发售均获得了成功。如今走在欧洲的街头，随处可见各种各样的 Smart，车主为了使自己的车与其他的车区别开来，想尽了各种办法。

同样的东西，如果使用的材料不同，就会产生不同的效果。把不同的材料运用在服装中会让人产生耳目一新的效果。比如，用不同的材料来代替凳子、桌子的一些组成部分，也能产生独特的效果。

6. 个性的角度

我们观察和思考问题的时候往往喜欢以自我为中心，从自己的想法、自己的需求、自己的喜好等入手来进行设计。而在以自我为中心的例子上，艺术家是最自我的。所以，有时候他们设计的东西因为自我而与众不同、个性鲜明，受到大众的喜爱。

二、灵感思维至关重要

（一）灵感思维概述

灵感思维是指通过触发创造力和激发想象力，产生新的、独特的思考和创意的思维方式。它强调从不同的角度和领域获取灵感，并将其转化为创新的思维和行为。灵感思维可以帮助人们超越传统的思维框架，挖掘出新颖的想法和解决问题的方法。

美国人卢托是一位年轻的制瓶工人。有一天，他看见女朋友穿了一条裙子，这条裙子的膝盖上面部分较窄，使腰部显得很有吸引力，看上去挺拔而漂亮。他觉得这条裙子很美，就一直盯着看。突然一个念头闪进他的脑海：如果做一个这种形状的瓶子一定别具一格。于是他就开始制作起来，并在瓶子上印了和裙子一样的图案。半个月后，一种新款式的瓶子诞生了，就是我们现在所看到的可口可乐瓶子的造型。它不但外观别致、美观，而且用手握住时不容易滑落，同时瓶子里的液体看上去要比实际的多。1923年，卢托以600万美元的价格把专利权卖给了可口可乐公司。这充分说明了灵感思维在产品创意设计中至关重要。从这个例子中可以看出，灵感思维要求设计者对周围的环境保持敏锐的观察力。这包括留意身边的事物、人和情境，发现其中的细节和变化。通过观察，设计者可以获取新的信息和洞察，激发创造力和想象力。

灵感思维通过联想和组合不同的元素来产生新的关联和想法。它鼓励人们进行跨界思考，将不同领域或概念中的元素进行组合和融合，以产生独特的创意。这种联想和组合可以打破传统的思维模式，激发出新的观点和解决方案。

为了满足灵感思维的要求，设计者应摒弃先入为主的观念和偏见，鼓励借鉴他人的想法和经验，敢于接纳不同的意见和观点。通过保持开放性思维，设计者能够从他人的观点中获取灵感，拓宽自己的思维领域，并在创造性思考中产生新的突破。但不能仅仅复制他人的观点，而是通过改造和加入自己的思考，产生新的创意。这种借鉴与改造可以激发创造力，使设计者能够从已有的思维框架中跳出，并赋予其新的意义和价值。

（二）灵感思维的特征

1. 突发性

灵感的出现通常是突然而非线性的。它不可预测，可能在任何时间和地点出现，往往是一种突如其来的洞察或创意闪现。灵感思维的突发性与常规的逻辑思考方式不同。在常规的逻辑思考中，人们遵循一定的步骤和规则，按照线性思维的方式逐步推导和分析问题，最终得出结论。然而，在灵感思维中，创意和洞察往往是以非线性、突发的方式涌现出来。

大部分的灵感源于我们潜意识中的信息处理和融合。即使在我们没有特意去思考问题的时候，潜意识仍在默默地工作，整合和构建各种想法和经验。当某种洞察力或创意突然浮现到我们的意识之中时，通常是潜意识完成了一个非线性的认知过程。灵感思维的突发性也可能受到外部刺激和环境的影响。例如，一幅艺术作品、一段音乐、一本书或者一个问题的提出，都有可能在我们的思维中引发一种突如其来的灵感。这些外部刺激可以打破我们常规的思维模式，激发出新的创意和洞察。

灵感思维通常涉及非线性的思维过程，即跳跃性的思考和关联。这种非线性思维可以帮助我们将看似不相关的事物或观念联系在一起，产生新的想法和解决问题的方式。而这种非线性思维的跳跃性和关联往往是突发性灵感的关键。

因为灵感思维的突发性，所以它往往让人感到神奇和不可预测。对于创意工作者来说，抓住灵感的闪现是一种艺术和技巧。有时，我们需要提供一个适合灵感涌现的环境，放松自己的思维压力，给予潜意识足够的时间和空间进行操作。通过培养灵感思维，我们可以更好地利用突发性的创意，为解决问题和创造新颖的想法提供助力。

2. 被动性

灵感思维并不是可以随意操控和控制的，而是一种依赖于外界因素和内在状态的自然现象。在大多数情况下，我们不能主动地决定何时出现灵感，也不能通过强制性的手段来促使它的发生。

灵感思维的被动性反映了我们无法控制创意的产生。尽管我们可以通过观察、学习和开放的心态来培养创造力和激发灵感，但最终灵感的出现仍然取决于诸多复杂的因素，包括我们的经验、知识、情感状态、环境和刺激等。可以创造一个积极、开放和有创意氛围的环境，例如阅读有趣的书籍、欣赏艺术作品、参与讨论或者与创造性思维的人交流等。这样的环境可以提供更多的灵感触发点，增加灵感的可能性。多样化的经验和知识可以为灵感思维提供更多的素材和创意源泉。通过广泛地接触不同领域的知识和经验，我们可以拓宽思维的边界，打破常规的思考模式，促进灵感的涌现。

情绪的起伏和焦虑状态可能会对灵感思维产生负面影响。保持良好的心理状态，通过放松、冥想、运动等方式来缓解压力，有助于创造一个更有利于灵感思维的内在状态。

3. 模糊性

灵感思维常常是模糊、不完整或不确定的。与逻辑思维相比，灵感思维更加关注于直觉、感知和情感，而非精确的推理和严密的证明。当灵感涌现时，它可能是一个模糊的想法、形象或感觉，还没有被明确地展开或表达出来。这种模糊性使得灵感思维具有一种难以捉摸和难以描述的特点。

而且，灵感思维往往也不一定是不完整的。灵感往往只是一个片段的想法，缺乏充分的细节和完整的结构。它可能只是一个零碎的概念或启发，需要通过进一步思考和发展才能变成一个完整的创意或解决方案。灵感通常突如其来，我们无法预测或控制何时何地会有灵感的闪现。同时，灵感思维往往是主观的，因为它受到个人经验、情感和感知的影响，每个人的灵感都可能有所不同。

不过，灵感思维的模糊性并不意味着它是毫无根据可循或不可采纳的。相反，正是灵感思维的模糊性赋予了它创造性和开放性的特点。通过进一步的探索、整合和发展，我们可以从模糊的灵感中提炼出有意义的创意和解决方案。模糊性也可以激发我们的好奇心和探索欲望，推动我们去寻找更多的信息和触发点来丰富和完善灵感的内容。

4. 独创性

灵感思维的独创性指的是其能够产生新颖、独特和非常规的想法、观点或解决方案。它与传统的逻辑思维不同，不拘泥于已有的框架和固定的方式，而是通过创造性的方式，开辟新的思维路径和可能性。

灵感思维的独创性在于它能够打破常规的思维模式和成见，不受限于传统的思维方式和常规的解决方案，而是敢于挑战现有的观念和界限。灵感思维可以跳出传统的思维框架，超越常规的思维路径，使我们能够看到问题和情况的全新角度。

通过将不同的思维元素、概念或领域进行奇特的结合和融合，灵感思维能够产生独特和创新的观点和解决方案。它能够发现看似无关的事物之间的联系，从而形成新的洞察和启示。

灵感思维可以通过跳跃、联想和直觉的方式来探索不同的可能性，而不是按照传统的逻辑顺序进行推理和分析。这种非常规的思维方式可以帮助我们发现新的思维路径和创意的源泉。

灵感思维需要我们敢于表达和坚持自己独特的观点和想法，不受他人的质疑或批评所影响。灵感思维的独创性与个人的创造力和自主性密切相关，只有敢于冒险和尝试新思路的人才能够真正发挥灵感思维的独创潜力。

（三）触发灵感思维的类型

1. 外因型灵感

（1）现象诱导式灵感

设计师深入观察和思考各种现象、事件或情况时，可能会从中获取灵感和创造性的思维启示。它是一种基于对周围世界的观察和理解，从中获得新的想法和洞察的思维方式。

在现象诱导式灵感中，人们通过仔细观察和研究日常生活中的各种现象，无论是自然界还是人类活动，都可以成为激发灵感的源泉。这些现象可能包括物体的形状、颜色和纹理，事件的发展过程和结果，人们的行为和情感等。通过对这些现象的观察和思考，我们可以发现新的关联、规律或解决问题的线索。

现象诱导式灵感经常出现在科学家的研究探索中，许多科学家对本学科的内容怀有无限的求知欲和解读欲，在长时间探索中，会从特殊的现象中获得诱导，从而发现新的思考方向或思考角度，化解以前无法理解的难题。人类科学史上，阿基米德在洗澡时看到溢出的水而发现浮力定律、牛顿看到苹果落地而联想到引力、伽利略看到悬吊的油灯因风摇摆而发现摆的等时性原理，都属于此类。

（2）实物启示式灵感

通过观察和研究物体、工具或系统的形状、结构、功能和特点，设计师可以从中获取创意和灵感，这就是所谓的实物启示式灵感。它是一种基于对实际物体的观察和理解，从中获得新的想法和洞察的思维方法。在实物启示式灵感中，设计师着重研究现有的物体、器具或系统，并深入了解它们的设计和工作原理（因此设计出的产品也会与原型十分接近，起码有部分相似之处）。这些实物可以包括自然界中的生物和环境，也可以是人造物品如机械设备、建筑结构、交通工具、电子产品等。通过对这些实物的观察和分析，我们可以发现其中的创新和值得借鉴之处。

在中国古代传说中，鲁班曾因被有锯齿的茅草边缘割破手指而获得灵感，发明了锯子；瑞士发明家乔治看到苍耳种子常常挂在人的衣服和动物的毛发上，便采用这两种形状的结构发明了尼龙搭扣；英国的布伦特在深水处构筑桥墩屡屡失败陷入苦恼之际，受到蜘蛛吊丝拉网的启迪而一反常规，发明了新式桥梁——吊桥；美国工程师杜里埃为将汽油雾化输入汽缸，在苦思冥想、无从下手时，忽然听到妻子喷香水的嗤嗤声，眼睛一亮，汽车发动机汽化器便诞生了；法国的布莱叶受到军队传令兵在严禁声光的前沿阵地上使用手摸式暗语的启发，设计了一套专供盲人使用的手摸式文字符号。

陈彦庆设计的多功能隔挡屏风，它的设计灵感源于中国古代的灯具和屏风。它把传统的灯笼的造型设计成简单的几何体，能够进行随意拼接；把传统的烛台简单化，去掉一些烦琐的装饰，使整体富有现代感，满足了现代家庭的家居需求。它是一款利用太阳能板进行夜晚照明的隔挡，它白天吸收太阳能，自动调整客厅光线，不用担心因天气或其他原因导致室内光线不足，它会自动调整成舒适的光线，很适合夜晚看书的人。

（3）语言点化式灵感

语言点化式灵感是指通过语言表达和交流的过程中，获得创意和灵感的思维方式。它是一种基于语言的启发和沟通，通过思考、讨论和表达观点，从中获得新的想法和洞察的思维方法。

在语言点化式灵感中，人们通过言语的表达和交流来激发思维的火花。这包括口头的交流、写作、阅读、讲演、辩论等方式。通过与他人的对话，人们可以分享观点、提出问题、探索思路，从中获得新的见解和启示。据说，伽利略正是从实验课上与学生的问答中获得灵感，通过热胀冷缩原理发明了体温表；美国的摩顺听了杰克逊想靠吸入乙醚来缓解氯气之苦，结果却昏然入睡的一席话，如获至宝，反复试验，发明出了一种新型强力麻醉剂；德国的贝林为对抗白喉杆菌一筹莫展，日本访问学者北里柴三郎关于中国医学"以毒攻毒"的医理讲座使他心头一震，经过反复研究，他终于发现了"白喉抗毒素血清"，开创了免疫学这个全新的领域。

由于每个人的文化程度、知识结构、理解能力等各不相同，思考问题的方式、特点和思路也会互有差异，因此在相互交谈中，不同的思路、不同的思考方式和特点互相融汇、交叉、碰撞或冲突，就能打破和改变每个人原有的思路，使思想产生某种"飞跃"，迸发出灵感的火花来。

（4）书画启迪式灵感

书画启迪式灵感是指人们在观看或阅读特定的图画、文字信息时，从中感受到疑惑、触动或启示，产生全新的创意。据说，作为生物学家的达尔文和华莱士，正是从社会学巨作《人口论》中得到启发，联想到自然界的弱肉强食法则，推导出了物竞天择规律；物理学家伏打在阅读伽伐尼有关青蛙腿带电的论文后，萌生了"从生物身上获取电"的想法，最终发明了新型电池；李斯特"外科手术消毒法"的创立，得益于法国微生物学家巴斯德的《细菌是生物体腐烂的根源》的实验报告；魏格纳住院时阅读世界地图，产生了大陆漂移的最初想法。从这些例子中，我们也可以得出结论：研究和实验并不是开发者工作的全部。适当浏览其他领域的读物、影像等资源也是一种寻求灵感的途径，这些资源不仅可作消遣娱乐之用，还是研究人员拓宽眼界的渠道。也许在特定的节点就会从中获得灵感，遇到研究之余的"意外之喜"。

（5）情景触发式灵感

情景触发式灵感是指在特定的情境或环境中，人们受到一种刺激或触发而产生的灵感、创意或想法。这种刺激可以是外部的，比如看到、听到或感受到某些东西；也可以是内部的，比如某种情感、记忆或体验。情景触发式灵感的关键在于，它与我们的感知和经历密切相关。当我们置身于特定的环境或情境中时，我们的大脑会自动地联想、连接和重新组合各种信息和记忆，从而产生出新的想法或解决问题的方式。

一个简单的例子是，当一个画家来到海滩时，他可能会被身边的景色、阳光、海浪声等触发，然后产生绘画的灵感。同样，一个作家在看到萧瑟的荒野时，可能会突然有一些创作的点子，因为他身处于特殊的外部环境中，周围的事物激发了他的思维。

情景触发式灵感常常是不可预测的，它可能在任何时刻突然出现。为了增强这种灵感的出现，人们通常会主动创造或寻找一些特殊的环境或情境，比如旅行、观赏艺术作品、与人交流等，以刺激自己的思维，并希望从中获得新的见解和启发。

2. 积淀型灵感

（1）自由遐想式灵感

自由遐想式灵感是一种在思维中自由流动和迸发的创造性能量。它指的是个体的思维在没有限制和约束的情况下，自由地漫游和游离，产生新奇、独特和创意的观念和想法。这类灵感往往产生于大脑极度放松之时，来自人们不经意间的遐想（不过也因此容易被视为"异想天开""不务正业"）。自由遐想式灵感往往伴随着跳脱常规思维、自由探索的状态。在这种状态下，思维能够超越现实世界的局限性，不受传统思维模式、逻辑限制和预设观念的束缚。个体可以随心所欲地建立关联、串联和转化各种想法，从而创造出全新的理念和观点。

自由遐想式灵感在艺术、文学、科学和创新等领域中扮演着重要的角色。它可以激发个体的创造力和想象力，推动思维的深度和广度。通过培养和引导自由遐想式灵感，人们能够突破常规思维的限制，发掘更多可能性，开拓新的前沿，并在解决问题、设计产品和创造价值方面取得突破性的进展。

例如，15岁的爱因斯坦偶然想到一个问题：如果我以光速追踪一条光线，将会看到什么呢？若干年后，这个古怪的想法又引出另一个稀奇的问题：当我这样做的时候，我自己与另一个站在原地不动的旁观者对这件事情是否有同样的感觉？这种自由遐想导致1905年狭义相对论的诞生。现代分子生物学中DNA双螺旋结构的发现也是自由遐想的杰作。沃森就曾在《双螺旋链》一书中描述了这一发现的由来，有一次他的"手指冻得没法写字，只好蜷缩在炉火边，胡思乱想，想到一些DNA链怎样美妙地蜷缩起来，而且可能是以很科学的方式排列起来"。又有一次，他"在户外欣赏番红花，至少还能希望出现一种美妙的基本排列"，他说："有时，在刹那之间我会发生恐惧，生怕这种想法太巧妙，可能有错误时，便常和另一位发明者克里克一起互相告慰说如此美妙的结构一定存在。"[①] 果然，这个美妙的模型开创了分子生物学的新篇章。

（2）梦幻显灵式灵感

虽然此论看似荒诞，但曾有人（不乏学术超群者）从梦中获得启示却是事实。最经典的例子就是声称在梦中见到苯环结构的德国化学家凯库勒。1861年凯库勒开始研究苯的结构，但一直无法确定，直到某日梦见了一条碳原子链变成了一条蛇咬住了自己的尾巴，然后一直旋转。凯库勒醒来马上联想起这可能与苯的结构

---

① 陶伯华、朱亚燕：《灵感学引论》，辽宁人民出版社1987年版，第224页。

有关，便在纸上画了一个首尾相接的环状分子结构——苯分子为环结构的理论就这样诞生了。

20世纪90年代初，美国贝尔公司光学计算机部正在研发光学计算机元件，但一直没有成功。光学计算机部的阿兰·休安格负责这项工作。他一直在苦苦思索，怎么才能用光学图式来代替计算机内的电子仪器呢？怎么才能把模型中的导线都换成纤维光导管呢？那段时间，休安格反复地做着一个梦，梦见许多信使在一摞纸组成的两条交叉通道上穿行——显然，在这个梦中，这些信使代表的是信息；但是，每到通道的交叉点，他们就会发生堵塞。突然有一天，在同样的梦中，信使们变得如同幻影一样飘忽不定，遇到交叉路口时顺利地穿行而过。醒来之后，休安格突然明白：具有这个特点的正是光子。受到启发后他利用光子的这一特点，进行研究和修改后，终于设计出了光学计算机。

当然，这种启示梦境并不是凭空出现的。只有对事物抱有积极思考态度并勤于拓展思路者，才有机会从梦中获得灵感。

科学家认为，处于潜意识状态的大脑更容易接收新的信息。睡眠的时候，大脑当前的活动状态会减少，但是会出现一些随机的神经活动，这时大脑可以接收一些来自外部的信息，并产生一些新的想法。大脑出现这种有趣的反应，使人们能够更好地去关注周围的环境、事物，而这些关注为新的创作灵感奠定了基础。

梦的回溯和复活的特性也是造成灵感的原因之一。梦境中的事件会排排站，以特定的顺序出现，但每次做梦的时候，它们会以不同的顺序出现，甚至会重复出现，这就是所谓的梦的回溯和复活。它给人们带来了很多新的灵感，因为它可以使人们更容易发现和引用之前忽略或遗忘的灵感，从而有效地促进创新灵感的产生。

三、加法思维与减法思维并重

（一）"加"和"减"在产品设计中的意义

在产品设计中，加法和减法是两种重要的策略，用于实现不同的设计目标和满足用户需求。

加法在产品设计中指的是向产品中添加功能、元素或特性。这种策略适用于需要提供更多价值和功能的情况。通过加法，产品可以具有更多的功能，提供更多的选择和便利，满足更广泛的用户需求。加法的目的是增加产品的吸引力和竞争力，使其更具创新性和多样性。

然而，在一些情况下，过多的加法可能导致产品复杂化、使用难度增加，以及用户体验下降。这时就需要运用减法策略。减法在产品设计中指的是从产品中去除不必要的功能、元素或特性，以简化产品结构和提升用户体验。减法的目的是简化产品设计，让用户更容易理解和操作产品。通过减法，产品可以更加精简、高效，并专注于关键功能，从而提高用户的满意度和产品的易用性。

在产品设计中，加法和减法往往需要平衡考虑。设计师需要根据用户的需求和反馈，综合考虑功能的增加和减少，以找到最佳的平衡点。优秀的产品设计通常能够提供足够的功能和特性，同时又保持简洁和易用的特征，使用户能够快速上手并享受愉悦的使用体验。

（二）加法思维的运用

1. 功能上的加法

加法设计在产品功能上的应用分为两种情况。一种是必要功能的叠加，这种设计一般具有融合性，即把两件或者多件产品的主要功能集合在一件产品上，以达到设计进化、节约资源、抢占市场的目的。比如，全自动洗衣机的设计，将洗衣桶和甩干桶合二为一，实现了洗衣功能和甩干功能的叠加。另一种是次要功能的叠加，这是最常见的加法设计之一，产品的必要功能在同类产品中都具备，消费者选择购买时就会权衡产品附加价值的分量，因此产品次要功能的加法设计是不容忽视的。比如，多功能电饭煲的设计，电饭煲的必备功能是做饭，这是所有电饭煲都具备的，而其他次要功能（预约定时、多种类蒸煮、倒计时等）的设计对于提升产品的附加值起着决定性作用。

通过深入了解目标用户的需求和期望，设计师可以添加符合用户期望的功能，这样做有利于提升产品的吸引力并满足用户的实际需求。合理地添加创新的功能，产品可以在市场上脱颖而出，这可能包括与竞争产品不同的独特功能或为用户提供全新体验的创新功能。创新功能的添加可以增加产品的价值，并赋予其竞争优势。

考虑到产品的可扩展性和灵活性也是加法策略的重要方面，产品设计师可以增加功能模块、插件或可选的配置项，以满足不同用户的需求。这种灵活性使得用户可以根据自己的偏好和特定需求来定制产品。添加功能时，需要确保新功能能够与现有的功能有良好的互动，并且不会对整体用户体验产生负面影响。新功能应该具有直观性和易用性，而不会使用户感到困惑或不知所措。

产品功能设计不应该停留在一次性添加功能的阶段。设计师应该持续关注用户反馈和市场变化，并在必要时对功能进行调整和改进。这种循环反馈可以保持产品的竞争力和适应性。在产品功能设计中，加法策略的关键是确保新增功能具有实际的价值和意义，且与产品定位、用户需求和用户体验相一致。通过合理而有目的地添加功能，设计师可以打造出具有吸引力、创新性和高度可用性的产品。

2. 造型上的加法

产品造型是关乎产品质量的关键，也是消费者选择同类产品时的一个重要参考标准。如今同质化设计极其严重，产品缺乏个性，而功能和产品的内部构造等因素不足以引起消费者的重视，这时候造型的作用便显现出来。调查数据显示，用户选择同类商品时，在产品功能和价格相差不大的情况下，外在造型是影响用户购买欲望的最大因素。因此，设计者在进行产品设计时除了要权衡产品功能与造型之间的关系外，还应站在普通用户的角度审视造型的美与丑。

3. 材料上的加法

材料是所有产品设计的基础，在当今社会，随着生产力水平的发展和社会观念的变迁，消费者已不再仅仅追求材料的实用性、美观性等，还希望产品满足与自然社会的和谐发展需求。在这一背景下，选择和补充恰当的材料就成了设计者工作的重中之重。

材料上的加法主要体现在材料本身和产品性质上。现代科技日新月异，人们不必再拘泥于传统的材料，完全可以采用更多优质、环保、高效能的新型材料；产品方面，能满足特定功能需求的材料也越来越多，设计者应采取加法思维，多向比较，从而优化产品性能。

设计师可以通过结合多种材料，创造出独特的质感和视觉效果，例如，在家居产品设计中，可以将木材、金属和玻璃等材料组合在一起，形成富有层次感和对比度的外观效果。可以引入新型材料，如可持续材料、复合材料或先进的纳米材料，以增加产品的功能性、耐久性或环保性能。这样的材料创新可以提升产品的价值和用户体验。

通过在产品材料表面施加特殊的处理工艺，如打磨、冲孔、纹理或涂层等，设计师可以实现材料外观的丰富性和个性化，例如，通过金属的抛光与纹理处理，可以赋予产品高级感和时尚感；使用不同材料制作产品的可拆卸模块，让用户能够根据自己的需求进行灵活组合和替换。这种加法策略可以为产品增加实用性和个性化选择。

在产品设计中考虑到附件和配件的使用，以增加材料的多样性和可变性。例如，在服装设计中，可以提供不同风格的腰带、领饰或口袋等附件，让用户根据不同场合进行搭配和选择。为产品提供可自定义的材料选项，使用户能够根据自己的喜好和需求来选择材料。这种个性化定制的加法策略可以增加用户的参与感和满意度。

在产品材料方面体现"加法"策略时，关键是要确保所添加的材料或材料组合符合产品的功能、质量和安全要求，并且与整体设计风格相协调。加法策略的运用可以丰富产品的质感和外观效果，提升产品的价值和吸引力，并为用户提供更多个性化和定制化的选择。

（三）减法思维的运用

1. 功能上的减法

相对于加法设计，给设计做减法更为不易和难能可贵。数学上的减法是一种运算方式，对应"少"的结果，指在原有的数量中去掉一部分。应用到设计领域，减法设计的思想是为了追求"少"的结果，但这种"少"不是数量意义上的少，而是为了更突出设计的好，这与极简主义者密斯·凡·德罗提出的"少即是多"理念有异曲同工之妙。减法设计主张将一切与产品价值无关的元素剔除，在保证产品能满足用户实际需求的基础上浓缩设计，用极致简洁的元素达到设计目的。减法设计并不是说让设计走上廉价的道路，以削减产品应有功能为代价来实现这一理念，而是去掉复杂的装饰性元素，使得设计风格简洁雅致，正所谓"大道至简"，让用户体验简便易懂。设计者在做功能减法的时候面临的一大挑战是，怎么样才能在保证产品拥有强大功能的同时又具有简洁的外形和简便的操作界面。

在产品功能越做越多、越做越复杂的当今，用户使用产品时承受的负担也越来越重。浮夸的设计背景下，设计者总是竭尽所能地给产品做加法，把各种各样的功能结合到一件产品上，试图让它满足所有用户的消费需求，而实际情况是很多时候这些功能都是闲置的，这些繁杂的功能堆积不仅没能给用户带来便利，反而增加了产品的制造成本，造成了社会资源的浪费。当这种设计成为累赘之时，用户负担加重，势必会淘汰它。给设计做减法，需要设计者冷静、批判地审视整个产品，让设计回归到本真状态。

设计者要发扬化繁为简的理念,从产品中去除冗余、不必要或很少被使用的功能,使产品更加简洁和易于理解。通过精简功能,可以降低用户的认知负担,并提高产品的可用性和用户体验。简化操作,通过优化产品的操作流程和界面设计,减少用户进行任务所需的步骤和操作。简化操作可以提高用户的效率和满意度,并降低出错的可能性。突出重点,将重要的功能放在核心位置,突出产品的主要特点和卖点。通过减少次要功能的存在或将其隐藏起来,可以让用户更加专注于产品的核心功能,提升用户体验和对产品的关注度;采用简洁、直观的界面设计,去除视觉上的杂乱和复杂元素。简约界面能够提供更好的可读性和可操作性,让用户集中注意力于核心内容和交互;简化产品的设置和配置过程,减少用户在开始使用产品前需要进行的烦琐设置。通过提供智能化、自动化或默认化的配置选项,可以减轻用户的设置负担,使产品更易上手;去除不必要的复杂性,通过去除冗余的参数、选项或步骤,降低产品中的复杂性。简化产品的复杂性可以降低用户的学习成本和操作难度,提高产品的可用性和用户满意度。

我们不需要一味地追求高科技给产品增加的无用的多功能,也不能以牺牲必要功能为代价来换取简洁精致。功能的加法是有节制地累积,减法也是有目的地去除。

2.造型结构上的减法

设计师在设计时,可以考虑去除多余的装饰和细节,追求简洁、纯粹的形态,通过简化造型,使产品的外形更加清晰、直接,强调产品的本质和核心特点。减少不同材料的组合,尽可能使用统一的材料来打造产品的整体造型。单一材料的使用可以使产品看起来更加统一、简约,也符合减法策略的理念。通过减少物体之间的空隙和复杂的立体结构,使产品的空间结构更加简洁明了。简化空间结构可以让用户更直观地理解产品的功能和使用方式。将产品的功能性构件置于设计的重点位置,并优化其形态和表现方式。强调功能性构件可以让用户更加直观地了解产品的用途和特点。设计可拆卸的组件,使产品的结构更为简单,方便用户进行维护、清洁或者升级。可拆卸组件的设计也符合减法策略的思想,使产品更易维护和灵活使用。采用简洁、流畅的曲线和表面处理,避免过多的锐角和复杂的线条。平滑简约的造型能够给人以舒适、和谐的感觉,提升产品的审美价值。

(1)切割

划分产品局部空间的塑造方式,注重细节与美感的协调。切割有面的切割和体的切割,如屏幕、按键等,适合塑造细节功能区。

（2）旋转

在基本形态的基础上，按照操作需求或审美导向进行旋转扭曲处理，常见于塑造有动感和活力的产品造型设计中。

（3）挤压

在基本形态上压出凹陷形态。适合于挤压出接口位或者按钮等操作引导区的细节，如电脑的 USB 接口。

（4）拉伸

和挤压类似，也是在基本形态柔软可变的时候，用拉伸的方式塑造出功能空间和强度细节，达到柔美的造型效果。适用于拉伸出功能区与按钮等操作区，拉伸的造型在产品中具有比较强烈的产品语义引导性。

（5）折叠

源于从 2D 艺术（折纸）中提炼 3D 造型素材的灵感，主要用于塑造产品硬朗和富有韵律的外观效果，多见于雕塑设计、前卫产品设计中，是一种能引起强烈视觉冲击和情感共鸣的造型方式。

3. 视觉界面的减法

（1）图形上的"减法"

图形是最容易引起人们认同感的设计元素之一，因此在做界面设计时，对图形元素的高度概括和拿捏得当是设计的关键所在，而简洁合适的图形元素比让人眼花缭乱的图形更具亲和力。在进行图形减法时，核心之处是抓住事物的本质，排除一切不相关因素的干扰，而对真实物象进行严谨的归纳概括，才能提取物体最本质的特征。

（2）色彩上的"减法"

在视觉效应上，文稿传达和图形传达远远无法与色彩传达相匹敌。但是由于设计内容杂乱，也会引起色彩画面的繁杂，如果设计师没有进行取舍和整合，色彩则会失去应有的特性，削弱表现力度，并造成受众视觉疲劳。色彩的运用不在于所用何种颜色和用色的多少，而在于用色是否正确。苹果家用电脑的设计是色彩运用的典范，正如很多世界级的画家和设计师在创作时仅用几种色彩便能完成一幅美轮美奂的作品。

（3）文字上的"减法"

文字被视为信息的载体，一般来说词汇运用得越多，意味着所包含的信息量就越大。但这在视觉传达设计中则不同，其传达效率与文字多寡正好相反。比如，广告设计，在许多情况下其设计意图是强迫人们接受所宣传的内容，这就要求以最精练的词汇量去传递尽可能多的信息，以提高传达效率。在视觉原理上，用户无法瞬间抓住繁杂文字所要表达的信息，而精练简洁的文字却能够引起用户的深层感知。所以，如何最大限度地把减法运用在文字信息的提炼中，是能够把信息高效传达给消费者的唯一途径。

（4）版面优化

为了优化版面设计，也为了有效压缩工作量，很多设计师对极简主义的设计风格青睐有加，这类设计风格往往去除烦琐的装饰和不必要的细节，使用简洁的线条、图标和颜色，营造干净、清爽的视觉效果，凸显核心内容。设计师可从"简洁明了"和"流程通畅"两个方面考虑，发挥极简主义设计的优势：首先，版面应突出内容重点和次序，让使用者有的放矢；其次，设计者要考虑使用者视觉上的习惯，适当去掉版面设计中顺序复杂、内涵不明的内容，因为这些内容会让使用者在浏览界面时抓不住主次关系，对希望使用的功能感到无从下手，甚至会有厌烦情绪，乃至直接放弃产品，这类的设计当然是不可取的。版面设计中"减法"的优势在于采用简单直观的布局方式，避免过多的元素和混乱的排列；将重要的内容置于显眼位置，通过合理的空白和间距来提升可读性和信息层次感；删除冗余、重复或不必要的信息和功能按钮。只保留核心的、最需要的信息和操作按钮，避免界面过于拥挤和混乱。

（四）合理使用"加"与"减"

产品设计中的"加"与"减"涉及许多方面的考量，不仅有数理上的推算，还有逻辑、途径上的分析。

体现"加"的思路，意味着增加产品的功能和特性。这可以通过添加新的功能、增加性能或提供更多选择来实现。在按照加法思维进行设计时，需要考虑用户的需求和期望，并确保新功能的引入不会使产品变得复杂难用。同时，还需要考虑产品的可扩展性和未来发展的可能性，以便在后续版本中进一步增加功能。体现"减"的思路，意味着简化产品的复杂性和冗余部分。这可以通过去除不必要的功能、简化操作流程或精简产品外观来实现。在按照减法思维进行设计时，需要深入了解用户的真实需求，并剔除冗余的功能和复杂的步骤。简化产品外观则需要注重简洁、易懂和美观，避免过度设计和过多的细节。

在产品设计中合理体现加减之道，是指在产品功能和外观上找到适当的平衡点，使得产品既能满足用户的需求，又能简化不必要的部分。设计师应当理解，"加"和"减"并不是简单的相反操作，而是需要综合考虑，找到一个平衡点。这需要在产品设计的早期阶段就进行充分的用户研究和需求调研，了解用户的痛点和使用场景，并将其转化为产品功能和设计要素。同时，也需要进行持续的测试和反馈循环，以便在产品迭代中不断优化和调整。通过合理地体现"加"和"减"的关系，可以使产品更好地满足用户需求，提升用户体验，并促进产品的长期发展。

四、逆向思维突破传统束缚

习惯性思维是人们创造活动的障碍，往往束缚着人们的思路。在正向思维碰壁时，需要突破这种习惯的约束，另辟蹊径，有时反常规的逆向思维求解问题可能会带来新的希望，虽然用逆向思维不是唯一解决矛盾的途径，但只要在客观上存在可能，一旦采用反其道而行之的办法就可能会出现奇迹。

（一）逆向思维的特征

1. 普遍性

在不同的领域和活动中，都可以使用逆向思维进行思考，这是由对立统一规律的普遍适用性决定的。同时，对立统一有着各种各样的形式，每一种对立统一的形式背后，相应地就会有一种逆向思维模式，因此逆向思维同样有各种形式。例如，从性质上来说，有软和硬、高和低等的对立转换；从过程上来说，有气态、液态之间的变化，电与磁之间的转换等。不论是何种方式，如果能做到从一方面转向对立的另一方面，就是逆向思维。

2. 批判性

逆向和正向是相对来说的，所谓正向指的是人们惯常认识的、具有常规性的习惯或者想法、做法等。而逆向思维则与之相对，指的是违反常规和管理的思维与做法，逆向思维能够克服思维定式，对常规发起挑战，打破惯有的、僵化的经验和认识。

3. 新颖性

按照以往经验进行思考，按照传统解决问题是较为简单的，但同时也有着禁锢思路、无法摆脱习惯束缚的劣势，常常只能得到一些刻板的、人人都知道的答案。现实中，从不同角度看，事物有着不同的属性。因为被经验所束缚，人们往往只看到最熟悉的一面，而忽略了其他方面。逆向思维能够帮助我们克服这一习惯，带给人不一样的惊喜和答案。

（二）逆向思维的方法

1. 原理逆向

1829年，奥斯特发现电流磁效应的消息传遍欧洲，很多人都局限于电磁学的研究，而法拉第却思考：磁是否可以产生电呢？1831年，法拉第把一条磁铁石插入一个缠绕着导线的空心圆桶里，这时导线两端连接的电流计的指针发生了转动。当磁石抽去时，电流计的指针又恢复到零的位置。根据这一原理，法拉第发明了世界上第一台发电机。这就是原理逆向思维的伟大创造。

2. 性能逆向

性能逆向是指事物性能相对立的两面，如固体与液体、空心与实心、软与硬、冷与热、干燥与湿润、块状与粉末等。使用性能逆向时，从与原性能相反的方向进行思考。例如，弹簧沙发改液体沙发或空气沙发，实心砖改空心砖等。又如，整块肥皂在使用时会遇到一些不方便：肥皂被水浸泡变软，容易造成浪费；使用过程中不易抓握等。肥皂粉碎机利用块状与粉末的逆向改变了这一切。将整块肥皂放置于肥皂托后，通过把手来触发内置的擦丝器，便会将肥皂变成细小的颗粒，而肥皂颗粒正好落在手掌中可以用来洗手，这样就避免了肥皂容易从手中滑落以及容易将肥皂弄脏等问题。同时，设计师也提供了浴室专用版，通过双手的旋转，肥皂颗粒即可落入手中。

3. 方向逆向

方向逆向是指将事物的构成顺序、排列的位置、旋转的方向和输入方向等颠倒，即转过头来进行思考的一种方法。例如，波兰BEYOND设计工作室代表性的作品——咖啡长椅，设计师利用中轴进行方向做了一个变形，实现了座椅空间的合理利用，而它最初的设计灵感仅仅是因为设计师在长椅上喝咖啡时发现没有地方放杯子和手中的物品。

4. 主次逆向

一种多功能产品或组合产品有主次或主辅之分。如果主次对调，便成为主次互逆，可能会产生一种新产品。比如，可视电话，电话功能作为主体，电视屏幕显示对方的图像仅是辅助性的功能；主次逆向后，可视电话成为可通话的电视，电视成了主体，通话变为了辅助性功能。

除了上述经常用到的几种逆向以外，还有色彩逆向、形态逆向、综合逆向、单一逆向等，都能使人们有所创造和发明。当人们的思路进入死胡同时，来个逆向思考，反其道而行之，便能获得意外的收获。逆向思维法在应用过程中应该注意，并不是所有事物都可逆向，逆向并不是随心所欲的，而是有条件的，是以正向为前提的，逆向思维是基于事物正向而引发的。逆向并不一定就是创新，因为逆向的成功需要得到使用者的认可。

（三）逆向思维的运用

做产品设计时需要创意思考，在这一过程中，设计者必须突破传统思维，抑或是从另一个角度寻找突破口，将新思考、新内容、新形象运用到创意思维中，才能够在设计上实现质的提升，进入另一种境界，这就是逆向思维带来的好处。对于一名设计师而言，逆向思维能够产生与众不同的设计灵感，同时这种灵感可产生无穷的创意，令人耳目一新。设计中，逆向思维一般有三种方法。

1. 反转型逆向思维法

反转型逆向思维是指，对于熟悉的事物，从反方向进行思索，从而形成新构思的方法。通常情况下，我们一般从功能、结构、因果关系等三个角度切入做反向思维。

（1）功能逆向

功能逆向指的是依据产品功能方面的要求做反向思考。比如，风力灭火器的发明，消防员在使用风力灭火器时，风吹向火场，降低空气中氧气含量，火没有燃烧的条件，从而被扑灭。一般来说，风是助长火势的，风越大火越旺。但从另一个角度，借助一些方法，风也能十分有效地灭火。

（2）结构逆向

结构逆向指的是，从熟悉的事物或环境的逆向结构做出设想，来寻找新的解决问题的途径。通常，可根据事物的结构位置、结构材料及结构类型做出逆向思维。比如，人们煎鱼时常常会粘到锅底，日本有一位主妇也受此困扰，有一天她突然想："可以不可以改变加热方式，从锅的上方加热食物呢？"多次实验之后，她找了一个办法，在锅盖里安装电炉丝加热食物，终于做成了煎鱼不粘的锅。而现在市场上常见的无烟煎鱼锅，也是利用将热源从锅的下面转移到上面的原理生产出来的。这是对结构逆向思维比较典型的产物。

Normal 的创意钟表，在外形上跟普通钟表相似，但在时间显示方式上却有着与众不同之处，不是传统的显示时间标识，而是通过镂空的指针将表盘上的时间标识显示出来。这样的设计有着十足的创新，值得学习借鉴。

（3）因果逆向

因果逆向是指，摒弃事物原来的因果关系，寻找新的因果规律，从而找到解决问题的新方法的思维方式。例如，说话声音大小可引起金属片的振动幅度，反过来，金属片振动幅度也能改变声音的大小。爱迪生对电话进行了改进，在这个过程中进行因果逆向思考，世界第一台留声机诞生了。

2. 转换型逆向思维法

转换型逆向思维法是指当研究问题的方法行不通时，转而换成另一种方法来解决问题，或者变换思考角度，从另一角度思考的思维方式。比如，司马光砸缸，有人掉进了水里，思维的常规模式是"救人离水"，但司马光在遇到紧急情况时，采取逆向思维，毅然用石头砸缸"使水离人"，挽救了同伴的生命。

若要设计一款亮度可调的灯具，通常情况下会想到从灯泡入手，通过旋钮来控制灯泡所发出光线的强度。但设计师们未必会只从这个角度想。有一种灯具，它是通过调整灯罩遮光板的方法调整灯光亮度。这好比一只关在百叶窗里的灯泡，主要是通过透光度的差异来调整外溢光线的强度的。

3. 缺点逆用思维法

缺点逆用思维法善于利用事物的短处和缺点，将其转化为可运用的，变消极为积极，变劣势为优势。比如，金属腐蚀原本是一件坏事，但是人们可将金属腐蚀原理用在制造金属粉末或者电镀等用途，这无疑就是缺点逆用思维法。这一办法不是为了克服事物中存在的弊端，而是直接将弊端转为优势。

例如，变形的家具可谓是缺点逆用思维法最好的运用。家具最怕变形，因为一旦变形，开关柜门就成了一件很难的事。当人们绞尽脑汁防止家具变形的时候，有些设计师则运用逆向思维，以歪歪斜斜的线条为家具造型打开了一个新的流行趋势。当您见到这类家具时，您不用担心造型的变形会对其使用造成影响，因为设计师们早已把实用性纳入了产品设计中。

逆向思维最为宝贵的价值就体现在它向人的思维提出了挑战，也体现在人们对于事物的理解上。设计师只要把握住逆向思维是从诉求主题反面思考问题这一基本思维模式,把握住把事物的对立面作为基点来进行构思创意这一基本思想,就可以掌握各种方法,从而创造出与众不同的作品。它能克服思维单一性、突破现有思维定式,是对思维逻辑性的开拓和提高。产品设计需要这种创新思维去驱动新方案,这就要求设计师另辟蹊径打破惯性思维,冲破传统思维的禁锢,设计出新颖独特的作品。

第四章
文化创意产品设计创新

本章主要内容是文化创意产品设计创新,从两个方面来讲述其创新,分别是文化创意产品常用设计技巧与创新举措,文化创意产品设计的新元素、新技术的应用。

第一节　文化创意产品常用设计技巧与创新举措

一、文化创意产品常用设计技巧

（一）文创产品应尊重用户情感体验

文创产品有别于一般工业产品，应充分尊重用户情感体验。文创产品是特别强调情感体验的设计。

情感设计就是设计师在进行艺术设计时，通过研究和分析人的心理活动，尤其是情感、情绪生成的普遍规律和原则，自觉地唤起人的一些感情，从而使设计的作品能够较好地达到它的目的。

认识情感设计要从两方面着手：一是对作品的艺术价值的肯定，集中表现在它能够唤起人一定的情感体验上，美学上统称"审美体验"；二是功能性，这是艺术设计最本质的属性，艺术设计情感体验更多地表现为使用物在复杂场景中、人和物相互作用过程中产生的一种综合性情感体验。这样的情感体验具有动态性、随机性和情境性等特征。

情感设计中最核心的对应关系还体现在两方面的情感刺激上：一方面是运用设计中的形态和语言来刺激观看者的情绪，如效率感、新奇感、幽默感、亲切感等，唤起观看者对物品的需求感，从而产生购买行为或者是购买意愿；另一方面要让处在特定使用场景中的使用者有良好的心情和感受，包括增强设计的可用性、趣味性，使使用者在观看或者使用的过程中有一些思考空间，能够发挥使用者的空间想象能力，体验自我实现与征服的快感等。

（二）文创产品应有助于文化理念的正向传播

文创产品设计的核心是文化，应在文化主题选取，相关文化主题的认知深度，相关文化主题的独特视角，以及符号提取、形态转换、语义传播等方面有助于文化理念的正向传播。

（三）文创产品应具有可用性

根据硬件设计（产品、环境）和软件设计（功能型数字界面、娱乐型数字界面）的不同特点，可用性设计还要通过心理学、行为学等学科知识，分析和理解用户关于使用及与使用相关各要素的需求，使之巧妙地反映于设计作品中。我们将可用性设计中最具普遍性的设计准则加以梳理和归纳，包括以下几方面。

A.人体尺度：设计中常直接应用人体尺度决定产品的尺度，而不同心理感受会导致对于尺度需求的不同。

B.人的极限：人的身体活动的极限及人的心理情感的极限。

C.易视性和及时反馈：易视性是指所有的控制件和说明的指示必须显而易见；反馈指使用者的每个动作应该得到明确的、及时的回应。

D.易学性：产品、界面应能使人快速而有效地学会使用方法。

E.简化性、灵活性、兼容性与可调节设计。

二、文化创意产品设计的创新举措

创新这个概念已经被大多数人所认识，如今，在社会生活的各个领域正在开展着各种各样内容和层次的创新活动。产品设计领域中，创新对于增强企业的生产能力、改变产业相对滞后的局面、破解产品"山寨"现象都发挥着极为重要的作用。

产品创新设计旨在设计符合消费者需求、创造更多商业价值的新的产品，这就要求必须从设计的有关要素出发，才能实现产品的创新设计。面对目前我国日益多元化和复杂化的市场环境和用户需求，产品创新设计并不容易，必须有良好的手段支持创新目标。

（一）感官要素设计

感官要素，即针对产品的五种感觉要素——视觉、听觉、触觉、嗅觉、味觉做出的创意设计。感官要素设计旨在使人们接触到商品后第一时间就能体会到商品独特的创意，从而产生一种意料之外、情理之中的惊喜。这就需要打破固有思维定式的束缚，而最为直接和行之有效的方法就是把多种可能性结合起来，力图把毫不相干的事物循序渐进地组合起来，从而创造出奇异的感官创意来。应用这一思维的创意方法包括维度转化、视觉错位、概念置换三种。

1.维度转化

维度转化是一种通过将二维图形和三维立体相互转换、创造出创意产品的方法。具体有立体化与平面化两种类型。立体化就是将二维图形经过拉伸、旋转、折叠，转换为三维的立体形态。相对而言，平面化就是提取三维立体的轮廓、线框和剪影。简单地说就是要把我们习惯上视为平面的事物立体化，把思维定式中的立体产品平面化，并通过这种转换给人以一种奇异的感受。例如折叠式太阳能灯笼体积小，折起来能很方便地装进口袋里。设计师运用维度转化设计方法创意设计灯具，使得灯具在折叠后的形状趋向于平面，与普通灯具立体形态有较大差距，在实现体积小、携带方便的同时为设计增加奇特感。

2. 视觉错位

视觉本身有一些独特的特性，利用其中的视觉错位现象，可为产品造型设计注入全新的创意元素。通过视觉上的错位，将产品的新形态与人们固有的印象相互碰撞和关联起来，从而达到创意设计的目的。运用视觉形态外延相互渗透的手法，将两种或者多种物品进行关联，如痕迹、滴落、漂浮、揭示内部、打破平衡等方式。比如，一款台灯，可利用视觉错位的设计技巧，营造出独特的视觉感受。在台灯的底座模仿水的形态，灯罩为杯子的形状，在视觉上呈现出灯罩内仍有水的形态，给人带来杯子悬浮在空中、被倒出的"水"支撑着的视觉体验，产品便具有了独特的创意感受。

通过观察该产品，我们可以发现，这种富有创意的设计方法主要利用视觉上的错位，为用户带来一种独特而有趣的体验。

3. 概念置换

改变原有产品的某些约定俗成的概念，并将这些概念同其他某种产品的概念相互融合，从而创造出一种全新的、独特的产品概念，这就是概念置换。假如将"维度转化"和"视觉错位"看作针对视觉体验元素的设计方法，那么"概念置换"则是广泛应用于感官要素设计中的策略。通过声音、味道和材质的置换，设计师可以对其他感官要素进行富有创意的设计，从而创造出更出色的作品。比如，发泄锤子的设计，在锤击物体时能够发出玻璃破碎的声音，这是通过声音置换而做的创意，为我们带来新奇感受。再比如，传统的饮料包装采用光滑的包装材质，而某品牌饮料的包装反其道而行，还原了水果真实的果皮和颜色，从触觉到视觉都与真正的水果基本一致，令人惊叹。

除了材料的置换，概念置换这一设计方法还可从产品的体量、产品的色彩、产品的功能、产品的造型，以及产品多层次文化底蕴等多个层面来进行。

（二）功能结构要素设计

针对产品的功能、结构进行的富有创意的设计，这就是所谓的功能结构要素设计。在文化创意产品的设计中，更多是关注产品所具备的功能和特性，在设计功能结构要素时，有如下三种常见的创意方法可供选择。

1. 功能转化

产品的创意设计可以通过四种不同的转化方式来实现，分别是功能叠加、功能拆分、功能置换和功能剥离，这些方式可以改变产品原有的功能和用法，从而实现功能转化。

功能叠加，指的是将多种功能融合在一起。对于文化创意产品来说，多种功能的融合常常是将毫无关联的功能融入一个产品中，实现多种感官要素的综合，从而增强产品的奇特性。

功能拆分，指的是将产品原来的功能拆分出更多的不同功能，从而使产品功能从单一性向多样性转变。例如，在设计瑞士军刀时，设计师根据物品的性质不同，设计出不同的刀片，从而使切割的范围更广，接着将这许多种产品功能进行组合，最终形成的以多功能著称的瑞士军刀。

功能置换，注重的是产品的外形与功能之间的差异化，通过这样的差异给用户带来新奇的感受。例如，仿真镜头咖啡杯，它的外形跟尼康相机的镜头一模一样，甚至连细节处理都很相似。这个设计将镜头的外形和咖啡杯做了置换，外形是镜头的形态，功能却是喝咖啡的杯子，为咖啡杯的外形添加了趣味性。

功能剥离，意思是将产品的使用功能剥离出来，只留下其装饰功能，这同样是一种创意方法，能给人带来惊奇感。

2. 功能再细化

功能再细化，指的是将产品的使用功能做更细致的划分。这样做有两个好处。第一，可提高工作效率。所谓"工欲善其事，必先利其器"，为某一工作而特意制作的特殊工具，必定是针对该项工作的特殊需求而制作的，用起来更方便。例如，家庭厨房中常见的专门的苹果削皮机、剥橙子的工具等，就是将综合功能的水果刀进一步做了细化，从而使操作更便捷，工作效率更高。第二，细化的另一个好处能够使产品更人性化、更新奇、更富有情趣。比如，有一种牛奶杯专门为浸泡大块曲奇而制作，它可能并非常常被用到，但对于喜欢这件事的人来说，不得不说是一种人性化、体现生活情趣的设计。

3. 功能创新

所谓功能创新，指的是在产品的功能上进行有所改变和突破的设计。这种设计方法的缺点是设计周期长、成本高、风险大。一般来说，还可以采用购买专利的方法，实现产品的功能创新。将具有新功能的专利产品在感官要素方面进行创新设计，或者改良专利的人机性、可用性，可缩短产品的设计周期，降低风险性，做出一款文化创意产品。

（三）使用交互要素设计

使用交互要素是针对产品功能的可用性、易用性及产品交互体验的愉悦性方面进行的创意设计。可以将创意集中于三点：A.创意奇特使用方式；B.创意提升交互愉悦性；C.创意提高工作效率。

1.创意奇特使用方式

针对使用方式的奇特创意意在改变产品惯有的操作方式和工作方式，从而带给用户奇特的感受，比如，李佳豪设计的具有融合创意的盘子，将人们最常用的陶与木相结合，以陶作为内部结构，木做外部结构，在不失去木原有特色的情况下加入陶。

手机的发展变化是这一创意最常见的例子。手机经历了直板、翻盖、滑盖和旋转，发展到今天的触摸屏样式，在操作方式上发生了翻天覆地的变化。在手机的其他性能未能有突破性发展的时候，设计师从操作方式上入手，为用户提供全新的体验。iPhone手机很受年轻人欢迎，其问世给移动通信市场带来了极大的革新，针对这种手机的各式设计也屡见不鲜。例如，一个将iPhone手机变成座机电话基座的创意，在迎合现代人复古座机需求之余，更是在iPhone手机的使用模式上提出了奇怪的想法。这个别出心裁的iPhone电话基座，功能包括充电、数据传输和立体音箱。只需连接好接口，当有电话打进来时音箱就会放大iPhone铃声，使用者也可直接用电话话筒和对方进行交谈，非常方便。

2.创意提升交互愉悦性

以增强互动愉悦性为目的的设计，会关注产品互动过程中是否顺畅，互动中是否有愉悦的情绪。这种设计在强调产品交互流畅的同时，更注重的是操作的快感带来的享受。这一设计创意的极致例子就是电脑游戏，当玩家顺利地过关斩将，就能获得心灵的满足并激发不断探索的信心。受此启发，可以在酒瓶上印上五线谱，在酒体饮用到标出的地方后，对着瓶口吹一口气，酒瓶便会发出相应的音乐。看似普通的酒瓶，却有意外的娱乐效果。

3.创意提高工作效率

以提升工作效率为目的的创意设计就是通过改善或者革新使用方法和环境来

提升工作效率。例如，泡茶通常分为洗茶杯、放茶、煮沸水、沏茶四步，其中前三步是准备阶段，沏茶是最终的结果。用"煮开水—洗茶杯—放茶"的顺序作业，较"洗茶杯—放茶—煮茶"的顺序可节约部分等待时间和提高作业效率。

运用交互创意设计方法的核心是，通过对用户的使用行为分析来改进或者创新产品。常见的设计方法有两类，一类是以用户为核心的设计，另一类是行为导向设计。以用户为核心的设计注重用户的需求与目标，并在用户的指导下进行设计，设计师通过对用户需求和目标的转换来对产品进行创意设计。而行为导向设计，则主要着眼于产品所要完成的工作与动作，将用户实施动作作为研究目标，设计者通过给行为制造工具这一理念来对产品进行创意设计。在基于行为的设计的基础上，可以利用创新思维获得一种新的设计方法，主要体现在两个方面：一是利用情境进行创新；二是在具体操作方式上进行创新。例如，有一款直线绘图辅助器，它可以套在笔上使用，不仅能够帮助用户迅速便捷地绘制直线，而且能够精确地测出所绘距离。简单的设计，提升用户画线效率、简化操作、省时省力。

（四）情感趣味要素设计

为满足消费者对商品的情感需求和趣味需求，需要在产品设计中加入情感趣味要素。也就是说，将产品设计着眼点放在消费者情感、生活情趣等方面，试图通过设计引发消费者和创意产品的情感共鸣。

1. 情感补偿创意

情感补偿创意是为解决情感缺失问题而设计的一种给予使用者情感慰藉的创意。这类设计有个形象化的名称，叫作"疗伤系"设计。设计思路以用户心理需求为研究对象，用抽象而短小的文字来描述情绪，使每个词具体化、实体化，从中筛选出可能的设想，以造型设计、功能设计来满足用户心理需求。例如，无印良品创意疗伤系产品——梵音天使心，钢制桃心里面装着滚珠，在使用过程中只要放松下来，用掌心握着，轻轻晃动一下，其就会发出清亮的钟声来帮助用户缓解压力。

2. 情感发泄创意

情感发泄创意是一种以释放压抑情感为目的、以情感发泄来满足使用者心理需求的产品设计理念。这一设计理念与情感补偿设计大致相同，其关键是使抽象概念具体化。具体化主要有如下两种途径。

第一，创造设计出一款专门的用来宣泄情感的产品。这种产品应具备两个特性：其一，用户在使用产品时，产品会出现受损或者毁灭的感官特性；其二，产品是可重复使用的，既可以满足用户宣泄压力的愿望，同时产品还可以恢复如初，继续使用。

第二，利用其他产品满足用户的情感宣泄需求。即把一个产品的作用移花接木，转移到另一个产品身上。这类设计可选用商品包装或商品使用之后的废弃物等可以毁坏的物品作为设计和发泄对象。这种包装就是设计师为那些有着排遣郁闷感情需要的使用者而打造的一款创意家居产品。

3. 趣味创意设计

趣味创意设计中常用的设计方法主要包括仿生设计、拟人化设计、卡通化设计等。运用仿生设计所设计出的产品具有非常好的观赏性和趣味性，将常见家具产品进行形态拟人化，可以提升产品情趣并给使用者带来一定的亲切感。卡通化设计通过对卡通的运用来实现家居产品创意设计的目的，主要有形态卡通化、色彩图案卡通化及卡通系列化等各种设计手段。

其中，卡通系列化有两种类型：一是将拥有相同卡通形象的产品系列化；二是将产品设计成卡通连环画形式，这种方法常用在产品色彩图案填充中。卡通系列化设计的作用是让产品更具趣味性，同时还可引发用户继续购买下一系列产品的欲望。需要注意的是，趣味设计不只体现在外形上，声音和气味设计也是产品趣味创意设计的一部分。

（五）社会文化要素设计

社会文化要素设计主要指针对社会环境、文化需求、生态环境、时尚潮流方面所做的富有创意的设计。社会文化要素的创新，是基于特定社会文化主题的创意，通过发散思维来实现的，需要注意的是，这种创意与市场上的产品创意存在较大的差异。文化创意产品所蕴含的社会文化要素，通过产品独有的特征和表现方式，呈现出一种文化内涵氛围。也就是说，将社会文化元素融入产品感官和功能设计中，使产品呈现出复古风、创意民俗风，具有文化气息。另外，对于这类要素的设计创意，绿色设计和环保设计也是一个重要方向。例如，美国Lamplabs所设计的一款壁钟，仅显示下午5点至晚上9点的时间段。初看壁钟，其拥有独特的造型和富有创意的设计，实际上象征着上班族在工作时间和睡眠时间之外，只能真正自由支配这四个小时，这是一种对上班族朝九晚五的社会文化元素的创意，同时在情感上也能引起用户的共鸣，蕴含着深刻的寓意。

（六）自我性格要素设计

自我性格要素设计，是为了满足消费者日益增长的对于个性化和独特性需求的设计。它以消费者为中心，通过在产品中创造性地加入个人性格特质，给消费者带来独特情感体验。对于那些追求个性化的消费者而言，这一创意设计的核心在于确定用户的定位和需求分析。只有对用户需求进行精准识别，才能设计出符合其需求的富有创意的产品。当前，创意所涉及的自我性格要素主要包括怪诞设计、个性化设计和 DIY 设计。

1. 怪诞设计

怪诞设计产品的另一个称呼是"恶搞"产品。最初，这类产品是为满足愚人节整蛊而设计的，如今已经成为一种流行趋势，不仅仅是专门用于恶作剧，还包括一些常见的礼品和生活用品。此外，以幽默的方式解决问题的文化创意产品，是怪诞设计中的一种典型代表。这类产品的独特之处不在于问题的解决与否，而在于其所采用的幽默手法，这才是其设计的闪光点。这类商品以一种轻松的方式应对生活中大小不一的问题，使得消费者在产品的感染下能够以轻松愉悦的态度应对各种生活问题。在激发消费者的文化创造力的同时，引导他们转变思维和生活方式。举个例子，有一款占座油漆刷，表面上看起来似乎是没干的油漆和油漆刷，但实际上它是一种由橡胶材质制成的占座工具。这款占座油漆刷以一种诙谐幽默的方式解决了占座难题，它所体现的不仅仅是占座效果，更是一种幽默而富有情趣的生活方式。

2. 个性化设计

个性化设计的一种常见表现形式是采用模块化的设计方法，即由设计师提供设计元素，由消费者自主选择搭配产品，将其组合在一起以满足个性化需求。

另外，还有一种互动式设计也在悄然兴起，它也是个性化设计的一种。设计师会邀请消费者参与到其中，消费者可说出自己的设计意见，或者在不同的设计方案中做出选择。此种设计方法最初的时候是被用在软件设计的界面上，如今也逐渐出现在日常生活用品的创意设计上。但是，这一方法也有缺点，就是产品设计费用较高，市场比较小众，属于高端生活产品。

3.DIY 设计

DIY 设计正是反映产品独一无二性的最佳方式。文化创意产品 DIY 设计主要分为手工制品与 DIY 设计两大方向。

手工制品，就像针织品中的机器编织和人工编织一样，这种产品又分为纯手工制作与机器批量生产。在现代化发展的社会中，手工制品不但没有消失，反而物以稀为贵，成为高品质产品的标志，这其中最主要的原因就是这类手工制品所具有的独特之处。当然，这类产品通常也属于单价较高的高档生活类产品。

DIY 设计就是把产品设计成需要由消费者自行装配的形式。这种源于 IKEA 家居设计的设计方法目前正在慢慢运用于多类产品的创意设计当中。设计师在常规产品设计上引入 DIY 设计理念，将产品设计为可装拆式模块化组件，使用者可以根据个人喜好任意拼装商品。DIY 设计反映了 DIY 思想及产品的独一无二性，还能在产品装配时给使用者带来成功的快乐心情，并减少产品生产成本及运输成本等。

第二节　文化创意产品设计中新元素、新技术的应用

下面以博物馆文化创意产品设计为例，讲述相关新元素、新技术的应用。

一、语义学的应用

博物馆文化创意产品是以博物馆馆藏（或展览）和文化为元素，通过设计开发的具有文化性与创意性的产品。现阶段，博物馆文化创意产品作为博物馆文化的重要衍生品之一，受到了越来越多的关注，而一些问题也随之暴露出来。

首先，市场定位模糊，博物馆特色不明显。虽然已有故宫博物院、中国国家博物馆为首的一批国家级博物馆将文化创意产品做得风生水起，但大多数博物馆缺乏自主研发能力，文化创意产品只是停留在简单的复制、微缩层面。其次，产品创意不足，缺乏吸引力。尽管博物馆所陈列的文化创意产品种类有很多，但大多是以围巾、纸本等形式为主的产品，难以吸引大众的目光。再次，在博物馆临展和特定节庆的衍生品开发方面，存在着很多不足之处，文化创意产品更新慢，缺乏创意。最后，文化符号缺失，文化功能不足。博物馆文化创意产品的设计与

开发是实现博物馆 IP 资源物化的过程。目前，很多文化创意产品只是通过对文物图案生硬地提取制作而成，未能对文化符号的内涵进行拓展和延伸，没有做到真正使"文物活起来"。

在这种背景下，要想改变博物馆文化创意产品的局限性，就要在设计中转变设计思维，使博物馆文化创意产品根植于中华文化，实现创新性的发展。

（一）语义学在博物馆文化创意产品中的应用

1. 语义学的概念

语义学是符号学的重要组成部分，最早由美国符号学家莫里斯提出，他将符号学明确分为语构学、语义学和语用学这三部分。在博物馆文化创意产品设计中，语义学实际上是研究设计符号与其象征意义之间的关系。根据索绪尔的二元关系论，就博物馆文化创意产品来说，其"能指"代表的是文化创意产品形式，主要为产品的造型、功能结构、材料肌理等物理存在；而"所指"则是文化创意产品的隐性内容，包括产品风格、产品的美学意义、产品功能、社会意识及科学水平等，它所传达的是设计师对设计文化创意产品背后的博物馆文化、思想与价值观的表达。文化创意产品符号是借由能指与所指的关系来揭示博物馆文化创意产品的意义。

2. 语义学在博物馆文化创意产品设计中的重要性

博物馆的文化创意产品以馆藏文化为基础，通过精心设计的展示方式，将博物馆所蕴含的文化元素更好地呈现给受众，从而展现出其独特的魅力，吸引更多的游客。博物馆在发展过程中不断探索和创新文化创意产品的形式、内容及功能等，从而满足大众精神需求和审美需要。文化创意产品的设计与开发，离不开对博物馆代表性文化符号的深入挖掘，而如何将传统文化符号或内容转化为现代的产品，为受众所喜爱，这就需要设计师在对博物馆文化进行深入研究的基础上，通过某种载体和文化符号，使博物馆文化资源得以物化。博物馆文化创意产品以语义学为指导进行设计，在"能指"和"所指"两方面将博物馆文化在文化创意产品中体现出来。文化创意产品"开口"表达，将博物馆文化传递出去。在文化创意产品的设计上融合语义学的意义是，将博物馆文化通过一定的文化符号具象化，运用语义学形式和文化创意产品功能语境，利用语境的配合让文化符号和文化创意产品互为补充。

（二）故宫博物院文化创意产品语义学特征解析

关于语义学研究符号能指与所指的关系问题，在博物馆文化创意产品中，能指是产品的形式，所指是产品的内容。换言之，人们通过感觉器官来体验博物馆文化创意产品所反映的特征，继而通过对表现特征的认识来理解文化创意产品的内容。在皮尔斯的理论中，按能指与所指的关系，可以将符号分为图像符号、指示符号与象征符号三类，对于博物馆文化创意产品来说，它们具有不同的意义和特征。

1. 图像符号

图像符号主要指博物馆文化创意产品的形式与表达内容，二者之间呈现出一种形象上的相似性，这种相似性大多源于对已有意义事物的借用，从而表达文化创意产品的真正意义。文化创意产品是以视觉为核心传播信息的载体，图像作为最直观的传播媒介，在其中发挥着重要作用。在故宫博物院的文化创意产品中，部分作品的装饰图像与结构形式，主要借助对馆藏文物或者历史人物形象的一系列加工处理，最终达到对文化创意产品形态的塑造和提升，这种运用方式既能体现出藏品本身所蕴含的艺术价值，又使其成为一种视觉传达元素被大众所知。例如，太平有象书签是故宫文化创意产品中的一款，它的设计灵感主要来自故宫博物院院藏的清代珐琅太平有象，其独特的雕刻造型吸引了设计师的目光，设计师选取珐琅器中宝瓶及"太平有象"的吉祥形象进行几何抽象，使精密繁复的珐琅彩被简化为色彩斑斓的几何纹样，在满足产品功能的同时传承了博物馆文化。

图像符号作为博物馆文化创意产品内容意指的主要方式，在故宫文创中得到了广泛应用，这类文化符号是基于对形态之美、视觉效果的综合考虑，灵活运用图像纹样及复合体，充分表达了文化创意产品的内涵和意义。

2. 指示符号

博物馆文化创意产品的形式和意义，二者之间存在着实质性、因果、空间及逻辑上的紧密联系，这些联系被称为指示符号。在文化创意产业中，指示符号的设计和使用非常重要，因为它能使文化创意产品更具有吸引力。指示符号是故宫文化创意产品中最基础的符号，也是设计师表达设计手法的重要展示元素。例如，故宫博物院出版社推出的《故宫日历》以生肖图案为主题，融入了文物赏析设计，将各个日期、节气有机地串联起来，成为其最具代表性的作品之一，强化了其时间性指示功能，体现了现实与历史的传承与演变，具有造型新颖、功能丰富的特点。另外，故宫博物院善用文字性指示符号，将文字书写在文化创意产品外观醒目的位置上，以诙谐幽默的方式意指文化创意产品的功能特点。

3. 象征符号

象征符号指博物馆文化创意产品形式和意义之间并无直接联系，并非凭借惯常的认知模式，而是通过特定的理解方式，引发某种概念的联想，从而产生抽象或隐喻的象征意义。象征符号与博物馆文化创意产品相结合，可以形成一种新的设计语言，也可以成为文化创意产品设计的切入点和灵感来源。通过在博物馆文化创意产品中巧妙地运用象征符号，文化创意产品的内涵得到了很大程度的丰富，从而使其不再仅是一种工业产品，而是蕴含着深刻的文化内涵。

A. 产品的外观设计所蕴含的象征意义是不可或缺的，具有强烈的象征性和联想性。这一类的象征属于抽象概念，指的是通过某种能够直观或想象的方式，进一步表达或者暗示一些比较难以捉摸的含义。在故宫博物院的文化创意产品设计的过程当中蕴含着无限的创意，产品造型借助于对博物院建筑、院藏等进行抽象、简化来表现故宫及中国传统文化的意义。例如，"事事如意"茶具的造型源于故宫院藏文物《岁朝佳兆图》中的柿子形象，整套茶具饱满润泽，在壶盖处特地采用了柿蒂的造型，融入"事事如意，时时称心"的寓意，将福佑从宫廷向外自由延伸。

B. 色彩所蕴含的独有象征意义。色彩所传达出的情感信息，能够使人们获得精神上的慰藉和愉悦，因此它成为现代设计师们视觉设计时不可缺少的元素。色彩在中华传统文化中是文学艺术、礼仪宗教等多方面的映射，更是中华优秀传统文化的精髓所在，凝聚着中华文明的智慧。故宫博物院的文化创意产品在色彩设计上精益求精，巧妙地运用了中国传统色彩美学理论，以表达文化创意产品蕴含的思想，既具备使用功能，又满足了社会和文化的不同"隐形"需求。

（三）基于语义学的博物馆文化创意产品设计

博物馆所创造的文化创意产品，是文化的源泉，更是文化的象征。因此，设计一款符合大众审美要求和心理需求的博物馆文化创意产品，对促进我国博物馆事业发展具有重要意义。在以语义学为指导的前提下，进行博物馆文化创意产品的设计，提取博物馆文化符号，并将其编码，与产品语义的能指和所指相匹配，在这个过程中，应该结合语境将博物馆传统文化符号或内容转化为当代人接受和喜爱的产品，这样才能更好地体现文化创意产品的价值。

1. 提取博物馆标识性符号

博物馆作为中华传统文化的资源宝库，具有丰富性和独特性的特点，给予了文化创意产品丰富的灵感来源。挖掘博物馆极具代表性的符号，是文化创意产品设计开发的基础。博物馆是以地域文化为背景，依托遗址及馆藏而建立的，因此博物馆明星馆藏及建筑都可以成为其文化创意产品设计的标志性符号，如卢浮宫利用其明星馆藏《蒙娜丽莎》开发了一系列的文化创意产品及专题导览手册，使其深入人心。博物馆文化创意产品对博物馆的标识性符号进行强化与传播，明确了文化创意产品定位与自身特点，可以更好地将产品语义传达给受众。

2. 提取博物馆符号的"所指"

中华文明源远流长，图形和色彩的符号皆蕴含着独特的文化内涵，因此对博物馆符号的提取，不是对某个纹样或图案的提取与复制，而是对文化元素进行的综合设计。

中国传统文化具有极为丰富的符号学内涵，因此根植于这种文化背景中的中国符号学研究，从起步就显示出与众不同的勃勃生机。在我国博物馆文化创意产品的设计过程中，更应充分考虑其背后所蕴含的中华文化元素，结合图像符号、指示符号和象征符号，使文化创意产品的语义得到充分表现。

3. 提取不同语境的符号

符号传递的含义在不同语境下，因为符号主体不同也会有差异。所以，在博物馆文化产品设计中一定要考虑产品使用语境与功能语境的影响，才能保证产品语义能够得到精准表达。对博物馆来说，如何合理利用语义学原理把自己的历史文化成功地融入现代文化创意产品中，协调和连接好传统与现代，是一项值得花心思的重要工作。在此基础上，还可借助于符号化的手段来丰富文化创意产品的视觉形象与内涵，从而赋予产品更强的亲和力来传达特定的文化信息。比如，大英博物馆推出的小黄鸭文化创意产品就将博物馆文化元素与现代受众记忆点巧妙地结合起来，一方面可以满足文化创意产品语义功能，另一方面可以给博物馆文创产品带来新的生机与活力。

我国博物馆文化创意产品虽有一定发展，但是产品特色、质量等还需进一步提高。以符号论的观点为依据，可在"物"与"意"的层次上对博物馆的文化创意产品的设计进行研究。通过采用语义学的方法，对博物馆文化创意产品进行设计，使其成为一种标识性强的文化符号，在设计中从能指与所指两方面着手，将文化资源变成具体实物产品，为博物馆不断发展文化创意产品提供更科学合理的策略与途径。在此基础上，对博物馆文化进行传承和弘扬，既能起到教育作用和宣传作用，又能给新时代文化价值带来新生机，实现真正的时代价值和意义。

二、互联网思维的应用

互联网从无到有，从弱到强，从单个领域到社会的方方面面，人们的生活方式被这张"网"所改变，社会运行模式因为它的存在而不断优化。那么，驱使互联网不断变革而产生深远影响的核心动力是什么？是互联网思维，思维影响行动，行动影响结果。2018 年年底，我国网民数量突破 8 亿，超过美国、日本、德国、英国等发达国家之和，"互联网+"的理念成为国家战略，互联网真正地对传统行业进行了全方位的变革。

（一）互联网思维的概念

所谓的互联网思维主要指的是，随着移动互联网、大数据等科技的持续发展，重新审视产品、用户等多个方面的思维方式。这里借助互联网思维的用户思维、大数据思维、平台思维、跨界思维对博物馆的文创工作进行深度改良，以达到优化产品和运营模式的目的。

用户思维。一切产品和服务均按照用户的思维和使用习惯进行设计开发，是用户思维的核心。通过与用户的大量接触，全方位获取用户使用习惯和反馈，站在用户的角度去考量产品，注重用户体验，在此基础上用更加人性化的方式实现产品畅销。

大数据思维。大数据思维可分为三个维度，分别是定量思维、相关思维和实验思维。其中，定量思维主要以获取更为详尽的描述信息为主；相关思维是指一切都可连接起来，消费者行为的不同数据都有内在联系；实验思维是指可以尝试各种不同的方法，利用大数据所提供的信息来制定科学的策略。

平台思维。平台思维的核心是通过汇集各类元素构建生态圈，以线连接成面，以开放的心态，以共赢的方式，发挥各方所长，实现优势资源的聚合，从而发挥巨大的能量。

跨界思维。随着互联网商业活动不断对人们的生活产生影响，产业的边界不再完全明确，很多行业应用"互联网+"的概念，实现了传统业务的优化，变得更加蓬勃发展。跨界思维应运而生，它是一种突破了传统观念和模式，吸收其他行业的规则和理念，通过创新，对传统行业进行变革的思维方式。

（二）互联网思维在博物馆文化创意产品中的应用

互联网思维已经在各行各业应用，如应用在交通领域，出现了滴滴打车，方便人们出行；在支付领域，出现了二维码付款，省去携带现金的麻烦等。传统行业通过互联网思维的优化，实现了业务的提升，便利大众的同时，实现了自身的发展。

1. 用户思维帮助博物馆管理者改变传统观念

互联网思维在博物馆文创中的应用，要改变博物馆人的思想观念，不是静待游客，而是通过不断的自我优化，以游客体验为中心，进行全面的业务梳理，从原本的坚持以物为本，转变为以人为本，所有开发的文化创意产品要以实用性和趣味性为前提，结合藏品的文化元素，以游客喜闻乐见的方式进行工艺化设计开发，以接地气的形式进行营销，主动融入游客，让游客有互动感、参与感及深入的体验感，这才有可能做出与游客需求相符合的文化创意产品。

2. 大数据思维让文创工作者全面掌握游客消费动态

博物馆文创的大数据分为两类：一是线上数据，二是线下数据。线上数据通过编程开发，可以获得极度精细的数据信息，每条信息都有数据跟踪，这样的数据便于文创人员知晓产品的消费动态，及时进行产品的更新。线下数据收集相对线上麻烦，可以使用硬件设备进行库存盘点，通过一定周期的销量，进行数据分析，依旧能够知晓当前阶段具体文化创意产品的销量，根据数据同步进行产品调整，实现库存的灵活处理，销量好的及时补货，销量差的采取营销活动打折处理，可以最大限度地减少囤货现象。

3. 平台思维是博物馆文创实现专人做专事的保障

平台化的思维在文创工作中的应用就是以博物馆为平台核心，通过合作或授权模式实现各自优势资源的发挥，让专业的设计公司做设计、电商公司做线上运营，让生产商制作质量过硬的产品，通过优势互补，专业人员做专业事，博物馆的文创人员做好相应工作的监督和审议工作，同时这是一个高难度的工作，需要博物馆的文创人员具备良好的平台思维、审美、市场判断的综合能力。

4. 跨界思维让博物馆文创工作做大做强

IP 是一种宝贵的资源，而博物馆作为征集、收藏、陈列和研究代表人类文化遗产实物的场所，有着得天独厚的优势——任何一个有特点的藏品、人物、品牌形象均有极高的历史文化意义和 IP 价值。通过强强联合的方式，将品牌双方的固有粉丝进行融合，实现品牌影响力的相互渗透，实现产品销量最大化。博物馆跨界是博物馆扩大影响力和做大做强的必由之路，要在原产品的基础上实现做工创新和彼此文化的融合，这样才能最大限度地体现跨界的展示效果，跨界时需要结合彼此情况，制定长期、共赢的合作条款，跨界不是一次单纯的产品售卖，而是以此为契机，建立长效的合作机制，共同长期地实现品牌共生。

互联网思维随着 5G 技术的普及可能会有一定的变动，但其开放、平等、协作、分享的精神不会发生变化，唯有深刻理解和应用互联网思维才能够在博物馆文化创意产品遍地开花的当下，开发出有特色、有温度、有故事的产品，走出符合自己馆情的运营之路。

三、激光雕刻技术的应用

当前，激光雕刻已在机械制造及工业制造领域中得到了相当广泛的运用，特别是金属加工行业、印刷及包装行业、纺织及服装行业、装饰及家居行业、航空航天等各个领域。

按照文物局"让文物活起来""带博物馆回家"等指示精神，文博行业的发展日益火爆，激光雕刻技术开始在博物馆文化创意产业中脱颖而出。

（一）激光雕刻在文创设计制作方面的优势

激光是原子核外电子在激光辐射作用下，经过放大后所产生的光辐射。激光雕刻就是用较大功率聚焦激光光束，根据计算机参数信息使受照对象在运动中熔化、烧蚀而达到非接触式切割和蚀刻。它可以有效解决传统加工方法所不能解决的问题，特别是对那些高硬度高脆性材料进行切割加工时，具有逐渐替代传统切割工艺的发展趋势。其与传统加工技术相比较具有如下优点。

1. 设计的数字化

激光雕刻基本上是靠数字模型来实现的，激光切割机器运行文件通常采用 DXF 或 DWG 两种格式。绘制文件可以使用例如 CAD、Adobe Illustrator、CorelDraw 这些矢量制作软件来完成，在作图时需要设定单位、大小，根据实际生产大小进行绘制。计算机画出的数字模型的线实际上就是激光光斑切割材料时的轨迹。由于数字建模直观的特性，被裁切出来的文化创意产品除了纹理方面的差异外，几乎一致地将计算机设计文件里的模型复刻出来。

2. 产出的平板化

激光雕刻机床其实是一个二维裁割平台，放置在上面切割出来的物料一般都是纸板、木板、亚克力板、铝板、钢板等板材，所生产出来的文化创意产品多呈现平板化。虽然很多激光雕刻产品，经过制作和组合后是三维立体的，但是这些三维立体产品也是由二维的平板经过层层叠加和拼插组成的。

3. 材料的适应性

激光雕刻机主要有两种，一种是切割金属材料的光纤激光雕刻机，另一种是切割有机材料与合成材料的二氧化碳激光雕刻机。因此，金属、纸张、木头、布料、皮具、亚克力等大部分常见材料一般都能被加工制作。

在纸张的加工过程中，传统的机械切割方式可能会导致磨砂轮的磨损，从而产生"飞边"现象；而手工剪纸则可能会因为刀具磨损或需要剪掉面积的细小，导致纸张出现折痕或撕裂。相比之下，采用激光切割技术制作的纸质文化创意产品，其边缘干净、整齐，没有纸张残屑，同时还能保证加工质量的均一和优秀，方便快捷地制作出雕花、镂空效果，可广泛应用于贺卡、明信片、灯具灯罩等产品的制作。

在传统的布料加工工艺中，由于刀刃的变形和钝化，刀模可能会导致布料出现脱丝现象，给后续的加工带来了相当大的不便。通过激光雕刻技术，可以成功地克服这一难题，使得化纤面料在经过雕刻后产生烧熔收缩的现象，从而自然地形成了轮廓边缘，使其不易松散且整齐；此外，激光技术可用于在厚实的织物和绒皮上进行蚀刻印花，蚀刻深度的变化能够呈现出渐变的效果，从而为产品蚀刻出层次丰富的图案。

4. 制作的高效化

激光雕刻技术的生产操作取决于多个参数，包括光斑直径、激光功率、切割速度、工件位置等，而切缝的形状大小则会因材质特性和参数设置的差异而有所不同。该工艺无须依赖模具，具有高精度、窄切缝、低材料磨损、小工件变形、无接触性、低生产成本、高制作效率等优点，且在参数设置与材料性能匹配时可一次性成型。

5. 排放的环保性

激光雕刻之所以备受推崇，除了其高效经济的特点外，更重要的是其对环境的保护作用。首先，由于激光光斑所释放的热量微不足道，因此可以有效减少板材在高温环境下的熔化和变形所带来的不必要的能量损失；其次，相较于传统的机械加工方式，切割过程中所产生的噪声较少；最后，尽管在切割过程中会产生少量粉尘，但由于采用了湿式或干式除尘装置，因此其对大气的污染相对较小。

（二）激光雕刻在文创设计制作方面的短板

1. 材料厚度有限制

激光雕刻金属板材，受技术条件限制，通常200W激光器雕刻厚度为1—2.5mm，500W激光器的雕刻厚度小于4mm，1000—2000W激光器的雕刻厚度不大于15mm，具体取决于板材材料。通常情况下，对于木板、亚克力等材料的加工，我们需要将其加工厚度控制在不超过15mm的范围内。

2. 材料类别有限制

加工高反射率的铜和铝时，只有在光纤激光雕刻机系统上安装了反射吸收装置的情况下，才能进行加工，否则反射将会对光学组件造成破坏。在进行热塑性塑料、热硬化材料和人造橡胶等合成材料的雕刻时，必须谨慎考虑加工过程中的潜在危险和可能产生的有毒气体排放。

3. 特定材料会碳化黑边

在激光雕刻技术中使用竹、木、三合板、纸板等材料时，容易导致碳化现象的发生，从而引发黑边问题。碳化黑边的色彩深浅会因被加工材料的成分构成、厚度特性及机器功率等参数的设置而呈现出微妙的差异。通常情况下，如果机器功率较低且速度较快，碳化黑边就可以避免，但这也可能导致加工效果不尽如人意，需要进行二次加工。

（三）激光雕刻技术支持下的博物馆文创

如今，博物馆文化创意产品的开发变得越来越巧妙和灵活，从最初简单地复制文化的"硬周边产品"转变为"软周边产品"，该产品融合了馆藏形象和实用性功能，包括衣物、食品、住宿、交通、使用和娱乐等方面。当代博物馆文创设计制作中，激光雕刻技术因其契合图案化馆藏形象的表达方式，已逐渐成为一种被广泛采用的手段。

1. 舌尖上的博物馆文创

苏州博物馆所珍藏的五代秘色瓷莲花碗，以青釉涂抹，晶莹剔透，造型犹如一朵盛开的莲花，令人叹为观止。因其珍稀的色彩和独特的工艺，使其成为越窑青瓷中的瑰宝，成为苏州博物馆的镇馆之宝，为文创开发注入了源源不断的灵感。

在 2014 年，苏博文的团队成功研发了一款名为"国宝味道——秘色瓷莲花碗曲奇"的曲奇饼干，该饼干采用了绿色抹茶粉作为原料，与青釉相呼应，将文物图案化并扁平化，从而实现了文创和文物设色的统一。

2014 年，三星堆博物馆推出了一款名为"古蜀面具饼干"的产品，其灵感源于古蜀文明时期的面具，随后在网络上掀起了一股热潮。接着，陕西历史博物馆还推出了一系列精美的文创饼干，将西汉皇后的玺玉印、汉代长乐未央的瓦当、唐代开元通宝货币，以及银器舞马衔杯银壶印在这些饼干上，当作装饰图案。2016 年，三星堆博物馆再次推出了备受瞩目的"青铜面具月饼"，成为考古界和文创领域备受瞩目的"网络红人"。

文创饼干已成为博物馆定制和博物馆美食的新宠，将文创"吃进嘴里"，引发了消费者的喜爱和关注。尽管饼干的制作并非采用激光加工技术，但借助激光雕刻技术，这种图案化的饼干模具能够简单快捷地被制造出来，从而帮助我们将美食与博物馆文化相结合。

2. 文房内的博物馆文创

提及文房文创，不得不提及故宫博物院。作为全球知名的文化遗产博物馆，北京故宫博物院在国内文化创意的开发和经营方面处于领先地位。在 2016 年 12 月，故宫博物院共推出了 8 683 种文化创意产品，这些产品涵盖了家居陈设、文房雅玩、紫禁服饰、创意生活等多个领域。激光雕刻技术在文房雅玩类文化创意产品中得到了广泛的应用。

"故宫建筑尺"的创意来自故宫的建筑样式，它收集了故宫内保和殿、午门和神武门等古代皇家建筑的不同形制，通过设计师精简刻画的尺轮廓，可以辨认保和殿是圆攒尖，神武门是重檐顶，午门是三面环绕的"五凤楼"。不得不说，图案化使博物馆 IP 辨识度更高，标识性增强。

"故宫窗棂尺"将乾清门、景仁宫、太和殿的窗棂作为图案，在尺子上进行透雕，在产品设计中运用传统建筑美学。窗棂框架结构设计就像微缩，侧写了中国传统木构建筑，却不局限于此，让它扩展为文房用品，并作为审美构成元素之一。

"故宫脊兽尺"中将太和殿的脊兽仙人、龙、凤、狮子、天马、海马、狻猊、獬豸、斗牛浓缩在尺上。脊兽之职能原为保护木栓、铁钉，防止建筑物渗漏、锈蚀，并在建筑物屋脊连接部位起到固定、支承作用。后来装饰功能被开发出来，并且具有严格意义上的级别,在不同级别汉族建筑中放置脊兽的数量与形态也受到严格制约。尺子之精巧之处是把建筑三维装饰变成文具二维装饰,融合故宫古建美学与吉祥寓意于文化创意产品中。

无论是"故宫建筑尺",抑或是"故宫窗棂尺""故宫脊兽尺",均充分利用了故宫古建筑这一世界文化遗产,对其进行图案化和标识化处理,利用激光雕刻技术把图案应用于产品中。

故宫文具类文创的激光加工材质多样,不仅有竹木材质的激光加工,还有金属材料的激光加工。比如,"千里江山书峰立体金属书签"将故宫馆藏文物宋代王希孟所绘长卷《千里江山图》的一部分,结合中国古代文人寄情山水和现代阅读者纵情书海,运用金属激光雕刻虚实疏密,表现山石披麻皴和斧劈皴的脉络肌理和明暗变化。设计师别出心裁,上得了山,下得了水,山水相融,意境跳跃。

3. 童趣里的博物馆文创

由中国海关博物馆研发的丝路通关棋,结合了传统追逐棋及报关通关情境,构成了一套集知识性及趣味性于一体的通关棋,寓教于乐,普及海关知识。

通关棋采用了激光蚀刻印花技术进行棋子生产。激光雕刻除将材料截断、透雕外,也可实现蚀刻雕花、加工扁平化花纹、浅浮雕等效果。

中国海关博物馆还利用激光切割技术,制作了丝路立体拼图。从丝绸之路中提取出了符号元素并将其图案化,采用激光切割技术进行切块和层叠。木质拼图采用了上、中、下三层结构,最里一层是汉代的丝路,由张骞率领驼队翻山越岭出使西域;中间一层是唐代丝路——玄奘西天取经经过敦煌;最外一层是同时代的海丝远渡和中西贸易的紧密来往。立体拼图采用古代著名的丝路人物传说为主题,使游戏者在游戏中认识一段段历史,在故事中感受沿途的风景。

4. 行旅中的博物馆文创

行旅便携类、行旅馈赠类等文化创意产品,同样少不了激光雕刻的技术支撑。广东省博物馆文创商店代理"邮历·广州"木雕明信片系列,主题是广州五羊雕塑、广州塔、广东省博物馆等著名景点,在明信片的版面上彰显岭南地标建筑和地域特色。通过激光雕刻出的线元素与不同颜色和纹理的木板相融合,激光透雕出的面元素相互叠合,构成具有立体感的城市标志性建筑。

博物馆文创设计思维与设计语言需要一定的技术支撑,激光雕刻就是重要的技术之一,它使得博物馆文化创意产品中的图案化设计策略得以实现。从狭义上讲，它就是"馆藏 IP 标志"与"使用功能"的叠加。从广义上讲，就是标识性与实用性相统一。

四、3D 打印技术的应用

（一）体验多元化

传统的博物馆文物参观大都采用隔着玻璃观看的方式，原因是博物馆文物都是非常珍贵的。现在的博物馆不再只是展示展品，而是让参观者通过自己动手去感受和了解这些东西，这样能够使观众更加直观地体会到其中蕴含的意义，也有利于促进博物馆文化的传播。消费者可以在手握 3D 打印产品的同时，享受到文物所带来的更多感官体验。

众所周知，开模生产是传统的生产方式，需要大型生产线作为支撑，并且开模工艺制作的难度也相对较大，同时成本不低。3D 打印产品具有高度的灵活性和适应性，不受时间与地点的限制束缚，只需一台计算机与一台 3D 打印机，即可满足生产需求。此外，可根据需求定制，还可以实现大批量生产，从而节省了大量人力资源，提高了经济效益。

对于产品的造型问题，设计师在绘制效果图时需要注意，传统的制作方式可能会导致产品无法达到预期的效果，从而引发尴尬的局面，利用 3D 打印技术，能够呈现出跑车、灯具等外观形态异常复杂的产品。

（二）材质多元化

在博物馆文化创意产品的设计过程中，材质的选择是一项至关重要的环节，因为不同的材质选择，除了会呈现出不同的设计效果之外，也会为消费者带来不同的触觉体验。博物馆文化创意产品设计应该以藏品为载体，从使用者角度出发，将情感和思想传递出来，满足人们的物质需求与精神诉求，使之能够真正成为人们生活的一部分。博物馆所珍藏的文物，皆为历史长河中流传下来的珍品，制作工艺复杂，使得传统制作工艺难以真正实现完美复制，因此如何通过科技手段将其呈现出来成了当下研究的重点课题之一。利用 3D 打印技术，能够采用多种不同的原材料来制作文物，不同的文物能选择完全不同的材料，以表达其内在的独有的精神和气质。

（三）激发参观者的学习兴趣

在教育体验活动当中借助 3D 打印技术，家长与孩子可以共同拼装出相应的文物模型，这一过程不仅增强了双方之间的情感纽带，同时也为孩子提供了更加丰富的学习体验，培养他们对历史文化知识的兴趣，提高自身综合素养。值得一提的是，博物馆文物模型的设计，需要运用一系列富有创意的方法，如个性化的文物设计、沉浸式的设计等，以便让消费者深层次感受到文化的普遍性与存在感，从而引发情感上的共鸣，不断增强其民族自豪感和自信心。

在新的时代，产品设计需要采用全新的方法和策略。随着人们生活水平的不断提高，越来越多人开始关注博物馆的文化价值。在当今社会，私人订制已经成为一种流行的趋势，在博物馆文化创意产品的设计和制作过程中，灵活运用 3D 打印技术，将会为消费者带来全新的感官体验与感受。对于博物馆文化创意产品的设计师和相关人员而言，如何运用最新的 3D 打印等技术，创造出更具创新性的文化创意产品，是一项需要深思熟虑的课题。通过引入 3D 打印技术等前沿技术，博物馆文化创意产品的设计开发将更具吸引力，从而让博物馆文物历史文化真正深入人民群众的心中。

第五章
中国传统文化与文化创意产品设计的融合

本章内容主要讲述中国传统文化与文化创意产品设计的融合,从三个方面进行讲述,分别是传统工艺与文创产品设计的融合、古代文学与文创产品设计的融合为、民俗文化与文创产品设计的融合。

第一节　传统工艺与文创产品设计的融合

一、泥人

泥人属于中国独特的传统工艺，中国比较著名的有四大泥塑，分别是苏州泥塑、天津泥人张、潮州浮洋泥塑、无锡惠山泥人，这里以惠山泥人为例进行讲述。

（一）惠山泥人概述

惠山泥人是以惠山黑泥为原料制成的泥塑工艺品，是中国四大泥塑之一，也是无锡市三大特产之一，作为民俗文化的宝贵资源，在发展中具有悠久的历史。

无锡惠山泥人相传已有400多年的历史，明末散文家张岱在《陶庵梦忆》卷七《愚公谷》中，就记述着泥人在店铺中出售的情况。明朝时期，在农闲季节，家家户户都有制作泥人的习惯，因此一句"家家善塑，户户会彩"[1]的俗语广泛流传于民间。到了明末清初的时候，无锡惠山地区出现了专业的泥人彩塑作坊，加之昆曲的流行，戏文泥塑的出现使惠山泥人的发展进入了新的阶段。

随着时间的推移，到了清朝，惠山泥人的工艺又得到了进一步的提升，并且出现了一批具有代表性的泥人彩塑工艺大师，例如王春林、胡万成等。据《清稗类钞》记载，乾隆南巡时，惠山泥人名师王春林将其典型作品《五盘泥孩儿》数盘进献，大受称赞[2]。由此可见，清朝时期的惠山泥人已具有相当高的技艺水平，并且名重一时。

近百年来，伴随着无锡城镇工商业的日益发达，惠山泥人艺术也不断变化与发展。特别是辛亥革命时期，惠山泥人的专业作坊已经达到了四十多家，而著名的专业泥人工匠也已有三十余人，例如在中国民间艺术中具有深远影响力的周阿生、丁阿金两位泥人大师。此时的惠山泥人正是发展的鼎盛阶段。

中华人民共和国成立后，政府高度重视惠山泥人艺术，并采取了一系列措施，如成立相关研究所、建立博物馆等，致力于惠山泥人工艺的研究与宣传工作。在2004年7月2日，国家质量监督检验检疫总局批准对"无锡惠山泥人"实施原产地域产品保护；2006年5月20日，经国务院批准，惠山泥人被列入第一批国家级非物质文化遗产名录。

---

[1] 吕多红：《泥塑艺术探究》，中国海洋大学出版社2019年版，第14页。
[2] 吕多红：《泥塑艺术探究》，中国海洋大学出版社2019年版，第14页。

（二）惠山泥人的工艺及特点

惠山黑泥作为惠山泥人的主要原料，质地细腻洁净、搓而不纹、弯而不断、干而不裂，自然干燥后，不用焙烧就有很好的强度和硬度，即使潮湿也不会塌陷，塑成成品后更不容易出现裂痕。泥人的塑造按照工艺、艺术形式及艺术风格主要分为两种："耍货"，又称"粗货"；"手捏戏文"，又称"细货"。①"粗货"又称彩塑泥人，即可用模印生产的泥人，此类因模具大批复制生产，所以流传甚广，主要的销售对象是江苏省的广大农村。"细货"与戏曲艺术的流传有着十分密切的联系，故在表现内容上主要归纳为戏曲题材、世俗生活形象、神话故事三个方面，"手捏戏文"销售地域为无锡、上海、昆山等地。清末时期成为宫廷贡品，甚至远销国外，广受欢迎。

惠山泥人做工精致，造型优美，色彩绚丽，制作工艺包含搓、揉、挑、捏等十八道技艺，尤善于塑造人物性格、表情，富有浓郁的江南乡土气息，深受人们的喜爱。惠山泥人的制作过程主要分为捶泥、打稿、捏塑、制模、印坯、整修、上底粉、上彩、开相和上光，妆彩等十几道工序。

1. 彩塑泥人制作步骤

由于彩塑泥人需要翻模，所以造型上相对比较简练、概括。在制作方法上有雕有塑，通过"一拍、二削、三添、四滚"②的方式，先堆大形，再从头部做起，后塑身段，再处理衣服纹理，最后细磨细雕，直至形神兼备。

在泥塑创作完成后，用石膏进行翻模，待泥坯自然阴干便可上彩。上彩是决定泥塑成败的关键因素之一，以矿物质颜料上彩为佳品，在着色时先浅后深，先肌肉、后衣服，最后勾画细节、添加装饰物。

打蜡为上彩的最后手续，用软刷擦白蜡，再刷到泥人脸上，以增加滋润的质感。

2. 手捏泥人制作步骤

手捏用泥，须将泥的干湿软硬度调整到最佳状态。手捏泥人分为"捏段镶手"与"印段镶手"。"捏段镶手"的制作步骤为一印、二捏、三包、四镶、五压，最后"捏势子"③，也就是整理过程。一些经验丰富的老艺人在校正动态时，能够将人物微妙的精神状态充分地表现出来。

---

① 吕航、窦巍：《惠山泥人》，中国轻工业出版社2016年版，第10页。
② 吕航、窦巍：《惠山泥人》，中国轻工业出版社2016年版，第44页。
③ 吕航、窦巍：《惠山泥人》，中国轻工业出版社2016年版，第43页。

"印段镶手"的步骤与"捏段镶手"的步骤基本相同，主要区别在于其头部与身段是以模子一次性印出来。由于身段是印的，所以泥人的整体动势较小。

手捏泥人与彩塑泥人的上彩方式大致相同，主要过程是一底、二相、三色、四花、五装。

手捏泥人彩绘讲究的是"新""清""齐""爆"。[①]"新"指的是色彩明快鲜艳、醒目；"清"则表示泥人须画干净，用色清爽；"齐"是用笔整齐，疏密有度；"爆"为强烈之意，传统的色彩对比搭配，使泥人的色彩具有强烈的视觉冲击力。正因为惠山泥人具有系统且多样性的传统手捏方法，才造就惠山泥人造型精细、形神兼备的艺术特点。

（三）惠山泥人的文化价值

惠山泥人在我国的民间泥塑之中占据着重要的地位，是无锡地方民俗文化的缩影，也是吴文化写意传神的精妙表达，更是中华民间艺术的瑰宝。

根植于吴文化沃土的惠山泥人，其起源与佛教文化、祠堂文化及戏曲文化有着紧密的关联。早期的《大阿福》原型就是寺庙里供奉的佛像。所以，佛教文化因素的融入增加了惠山泥人的层次与韵味。

惠山泥人作为一种文化传承的纽带，是对当地"江南水乡"生活的直接映射，更是了解地域文化、习俗、审美的有效路径。它以完整的传统经营模式与原汁原味的民俗内容，折射出中国民间传统工艺，特别是民间雕塑艺术璀璨的光辉。

（四）惠山泥人文创设计

当下的惠山泥人已然成为无锡的城市名片、地方记忆与形象。为了继承、发展并弘扬这项传统工艺，国家先后成立了"江苏省惠山泥塑创造研究所""无锡市惠山泥人厂"等单位，一方面延续"师徒传授"的工艺传承，另一方面专门研究其与当代文化相融合的多种方式。

1. 惠山泥人的视觉化设计

视觉化设计就是运用图形、图像、文字、色彩、造型、结构等视觉语言准确而有创意地把事件、知识体系、技能和文化加以现代图形化、视觉化和符号化的表现。惠山泥人视觉设计就是运用视觉化的手法，在色彩、造型和整体艺术风格上分别做出与现代视觉特征一致的创意表达，以直观视觉符号让观众在瞬间留

---

① 吕航、窦巍：《惠山泥人》，中国轻工业出版社2016年版，第45页。

下深刻印象，更加利于非物质文化传播交流和创新使用。

(1) 色彩的装饰性

惠山泥人的视觉设计，主要强调颜色的作用，注重"以色扶形"，"三分塑，七分彩"的创作理念代代传承。运用鲜艳的原色，色彩艳丽丰满，光彩夺目，具有很强的装饰性。从色彩上看，颜色必须饱满、纯净、鲜艳，说明惠山泥人的设计对色彩有严苛的追求。阿福和阿喜为惠山泥人代表形象，团坐式童趣造型，服装以红黄色和蓝色为基调，头饰或者饰品以红色和绿色为主，总体色调和谐一致，与民间审美情趣相契合。大范围地使用对比色和互补色，使得颜色主次清晰、很有视觉冲击力的同时，也具有独特的民族文化特色。

(2) 造型的艺术性

在造型方面，惠山泥人汲取中国传统绘画及民间艺术之精华，造型简洁丰满，夸张多变，人物形象鲜活生动。造型上多采用曲线，作品整体看不到棱角，让本来静止不动的对象富有亲和力，充满活力。在艺术形态上讲究神韵，长于捕捉人物内心世界中最朴实的喜怒哀乐和内在精神气质，长于写意。人物造型结构比例尺夸张，"放头缩手去颈根"①，也就是说惠山泥人造型中最突出的特征就是无颈，总体造型呈现圆润的风格，处处透着丰满质朴，特别是大阿福造型，给人以极为舒适的视觉感受，寄寓了人们追求和谐、完满、团圆，向往幸福生活的心愿。

2. 惠山泥人文创产品设计开发的原则

惠山泥人文创产品立足于消费者和市场的需求，在此基础上，对惠山泥人的文化内涵进行深入的挖掘。摒弃创意不足的产品设计理念，树立创新文创产品品牌，使惠山泥人特有的文化生态渗透文创产业发展。

(1) 以市场为导向，凸显文化特征

文化创意产品必须满足顾客的需要，针对顾客的不同年龄、性别和身份来定位市场，打造出既具有创意和实用性，又能够满足各种需要的产品。惠山泥人文创产品要求设计师结合产品本身所包含的文化特色，在不同阶层消费者中开展市场调研，在此基础上，从多个角度和层面进行深度开发和发掘，设计出能够适应不同阶层、不同年龄层消费者的文创产品。

(2) 以创意为核心，打造品牌优势

惠山泥人文创产品设计应体现创意和创新，还需要将文化内涵全面融入其中，

---

① 吕航、窦巍：《惠山泥人》，中国轻工业出版社2016年版，第22页。

让消费者透过文创产品感受惠山泥人所蕴含的文化含义。这需要对惠山泥人所蕴含的文化元素进行提炼、改造、抽象与重构，并将其与现代化视觉设计审美取向相融合，从而产生新的文化意义，使其成为惠山泥人的典型特征，以期全面展示惠山泥人在文创产品本身中所浸透的感情。与此同时，利用互联网及数字新媒体平台传播方式及营销理念打造惠山泥人文创品牌，使惠山泥人传统文化在自媒体渠道下获得良好的宣传与传播。

惠山泥人文创产品一方面要发展新的创意，另一方面还要将文化内涵全面融入其中，让消费者透过文创产品感受惠山泥人所蕴含的文化含义。这需要对惠山泥人所蕴含的文化元素进行提炼、改造、抽象与重构，并将其与现代化视觉设计审美取向相融合，从而形成新的富有惠山泥人典型特色的文化意义，以此来全面展示惠山泥人文创产品本身所浸透的感情。与此同时，利用互联网及数字新媒体平台传播方式及营销理念打造惠山泥人文创品牌，使惠山泥人传统文化在自媒体渠道下获得良好宣传与传播。

（3）以实用多能为原则，注重产品的原创与环保

惠山泥人文化资源是一张文化内涵非常丰富的名片，需要理性地进行开发，而不能仅仅追求经济利益，改变其文化内涵。选择产品载体时，要以实用多能为基础，综合家居类、文具类、出版物和数码周边为载体开展原创设计。在选择产品包装材质时，应选择节能环保且可循环利用的材料，以免过度包装导致环境污染和资源浪费，并把文化资源及绿色经济发展作为促进当地经济发展的第一措施。

二、刺绣

刺绣是用针线在织物上制作出多种装饰图案的统称。刺绣有丝线刺绣与羽毛刺绣。丝线刺绣就是用针把丝线、纱线或其他纤维，按照不同的颜色刺入绣料中，通过绣迹形成花纹的装饰织物。它是以针线为载体，将人类的设计与生产加入现存织物中去的艺术。刺绣是中国的传统手工艺之一，它在中国已有两三千年的历史。我国刺绣根据地域特征大致分四类，分别是苏绣、湘绣、蜀绣、粤绣。刺绣的技法有错针绣、乱针绣、网绣、满地绣、锁链绣、纳丝、纳锦、平金、影金、盘金、铺绒、刮绒、戳纱、洒线、挑花等，刺绣的用途主要包括生活和艺术装饰，如服装、床上用品、台布、舞台、艺术品装饰。这里以苏绣为实例叙述。

(一)苏绣概述

苏绣是以苏州为中心、在吴地的地域内运用了苏绣针法技艺并具有苏绣艺术特征的刺绣品的总称,与湘绣、粤绣、蜀绣并称为中国四大名绣。它以秀丽烂漫的色彩、栩栩如生的纹样、高雅柔美的风韵与丰富多变的针法,誉满中外,是中国刺绣重要的组成部分。

苏绣距今已有2 500余年历史,早在春秋时期,刺绣已被吴国用于服饰,象征阶级的权贵。三国时期,吴地区域内雄厚的物质积淀与手工业发展极大促进了刺绣的发展。南北朝时期佛教盛行一时,绘画艺术的迅速发展为刺绣艺术提供了丰富的稿本,苏绣纹样随之由简单抽象过渡到复杂细腻的阶段,出现了"佛像绣",开创了欣赏品刺绣的先河。南朝苏州文学家张率在《绣赋》中曾以"寻造物之巧妙,因佁化为百工,嗟莫先于黼绣"[1]来称赞当时刺绣的高超艺术水平。唐代,苏州对外贸易日趋发达,苏绣服饰也随之传入日本。到了宋代,苏州的桑蚕业、织绸业迅速发展,江南经济繁荣兴盛,绘画与刺绣相互影响,促使刺绣技艺更加精湛,苏州刺绣艺术名声远扬并形成了更大的规模。唐宋时期苏绣分化为实用品绣和欣赏品绣(画绣)两大类,刺绣针法种类日渐增多,出现了平针绣、发绣。明代嘉靖年间,在上海地区出现了极负盛誉的"露香园顾绣"。顾绣以绣画著称,懂得运用画理,在绣品配色、针法运用方面别具心裁,继承了宋画绣的传统,对苏绣地方风格的形成产生了重要的影响,其中以顾寿潜妻韩希孟的刺绣作品最为杰出,世称"韩媛绣"。至清代,苏绣进入全盛期,开始出现宫廷绣、闺阁绣、民间绣、商品绣等绣品种类。清末的沈寿在继承苏绣传统技法的基础上吸收了西洋画的明暗原理,创造了绣画效果更加逼真的"仿真绣",进一步提升了苏绣艺术的境界。民国时期,社会变革动荡使得苏绣发展极其缓慢。新中国成立前夕,苏州地区从事刺绣生产的专业工人已寥寥无几。但自中华人民共和国成立以来,国家对苏绣的发展极为重视,相继实施了成立苏绣文化保护与传承相关组织机构、建立镇湖苏绣特色小镇等一系列措施,致力于苏绣的保护、研究和发展工作。苏绣于2006年被国务院批准,列为首批国家级非物质文化遗产。2007年6月,来自苏州的李娥瑛、顾文霞两位苏绣代表性传承人被文化部认定为首批国家级非物质文化遗产代表性传承人。自此之后,八位苏绣大师入选第三、第四批

---

[1] 林锡旦:《苏州刺绣》,苏州大学出版社2004年版,第36页。

国家级非物质文化遗产项目代表性传承人。今天，苏绣不但经销国内主要城市，而且出口到日韩、东南亚及欧美等，坐落于苏州镇湖上的苏绣小镇拥有1万多名刺绣从业人员，苏绣技艺也步入一个崭新而辉煌的时代。

（二）苏绣的工艺及制作

1. 苏绣的工艺特点

苏绣在其历史发展过程中逐步形成针法丰富、绣工细腻、劈丝细密似游丝、构图整齐优美等特点。苏绣艺人在过去的几千年中，善于总结经验，独辟蹊径，继发绣和双面绣后，先后成功创作了双面异色绣和双面异色异样绣的新作品。一般而言，苏绣工艺特点可归纳为平、齐、细、密、匀、顺、和、光。

2. 苏绣的制作步骤

苏绣所使用的刺绣工具主要有绷架、绷凳、绷布、搁手板、绷钉、绷线、立架、绣针、剪刀和绣线，而刺绣制作步骤可囊括为上绷、画样、刺绣、落绷和成合。

苏绣的第一步是上绷，先将两块绷布与绣地两边缝合，把绷布嵌入嵌槽，用嵌条嵌紧，将绣地绷于两轴间，再将绷闩插入绷轴孔中，用绷钉固定，然后在绣地的横头用棉线缝上绷边竹。绷好后，把绷线穿入缝线交叉间隙中，缠在绷闩上并拉紧，使绣地服帖。

第二步是画样，批量生产的实用品画样可先用针在勾稿戳出均匀小孔，再将勾稿覆盖绣地，用油墨轻揩，使油墨通过小孔拓于绣地上。而欣赏品一般是先将勾稿用细线钉在绣的反面，在透光台下用笔描稿在绣地上。

第三步是刺绣，在刺绣前，先按绣稿进行配线、劈丝，再根据纹样确定丝理，以求刺绣品完成后凸凹转折、阴阳向背井然有序。刺绣时，需一手持绷，一手在绷底，将针自下而上刺出绣面，再将针从上刺下。如此循环往复，直至纹样绣满为止。

第四步是落绷，实用品的落绷只需将绷线放松，拆掉绷边竹，取下绷钉，退出绷闩，抽出绷布，将绣地与绷布的缝线拆去，取下刺绣品。而欣赏品需托裱，在托裱中落绷，避免影响绣品质量。

第五步是成合，欣赏品只需将绣品装裱成册或立轴即可，而实用品在落绷后需经历缝合加工，最终形成日常用品。

(三)苏绣的文化价值

苏绣作为四大名绣之一,是苏州的文化名片,也是中国民间艺术的瑰宝。不同时期的苏绣作品、苏绣技艺典籍都反映着当时的社会风貌和文化风俗。通过对前人的典籍、刺绣品进行研究,能够从中总结出吴地不同历史阶段的民风民俗、价值观念、文化追求、艺术品位的变迁规律,弥补历朝历代文献所记录的吴地历史,使人们更为直观地感受吴地文化、了解吴地历史。

此外,苏绣将吴文化与手工艺相融合,承载着吴地精神文化的精髓,传承着吴地清雅包容的文化品格,具有独特的地域特色,以及不可替代的凝聚力和感召力,能够激发吴地人民对家乡的热爱、自豪,形成高度的文化认同感。与此同时,苏绣作为我国的首批非物质文化遗产,是中华民族多元化文化体系的重要组成部分,强化对苏绣的保护与传承不但能够保护吴地历史文化,也能够有效维护我国的文化多样性,促进民族文化的繁荣发展。由此看来,苏绣无论是从历史文化、地域文化,还是国家民族文化层面上,都蕴含着不可替代的文化价值。

(四)苏绣文创设计

苏绣艺术源远流长,在我国传统工艺美术中有着十分重要的地位。起源于吴地的苏绣艺术,经历了画身、纹身、画服、绣服等多个阶段,不断演化、完善,呈现出日益精湛的艺术形式。近年来,苏绣艺术已从单纯的抢救性保护、记忆性保护、生产性保护等单一层面向研究性保护的多元化发展方向迈进。2012年,中国创意设计研究院在苏州设立了分院,第二年,苏州市又新建立了苏绣艺术创新中心。

苏绣艺术,作为传统工艺美术门类之一,蕴含着深厚的文化底蕴和独特的文化价值,为开发具有文化创意的产品提供了充足的先决条件。同时,作为享誉全球的旅游胜地,苏州的纪念品市场成了苏绣艺术和文化创意产品跨界融合的绝佳之选。根据笔者的实地考察,目前苏绣文化的创意产品市场呈现出相对繁荣的态势,涵盖苏绣真丝围巾、苏绣钱包、苏绣手袋、苏绣旗袍等多种以苏绣为主打特色的产品类型,同时还包括各种装饰性苏绣产品,如单面绣、双面绣等。然而,尽管苏绣作品表面繁荣,但市场上真正具有文创特色的作品却屈指可数。文创产品,其本质是"不计工时、具有创造性的手工劳动,拒绝复制和批量生产"[①],但是,

---

① 叶继红:《传统技艺与文化再生》,群言出版社2005年版,第32页。

当前市场上许多苏绣产品虽有刺绣元素，但却因使用劣质材料、做工粗糙，偏离了苏绣的文化属性和艺术价值，处处暴露出低劣的工业产品特征。

对于上述问题，笔者主张从学术角度对苏绣文创产品设计创新原则进行系统梳理和综合总结，以推动该行业的可持续发展。

（1）立足文化内涵原则

不能将苏绣文创产品看作一般商品，从本质上来说，苏绣文创产品是文化的一种载体，含有一定的精神属性，"文化意义的生产不仅是人类的一种价值追求与精神需要，而且也日益成为当代生产与消费环节中的一个重要领域。不具有'文化意义'，就无法被'消费'，这是文化创意经济的一个原则"[①]。苏绣文创产品的灵魂是传统文化，若是没有了"文化"，就如同人没有了思想和灵魂。中国有着十分丰富的传统文化资源，可以深入挖掘这些资源，并对其进行整合，然后将其融入设计过程中。需要注意的是，设计并不是将传统文化元素与创意产品两者进行简单的拼接，而是要将文化元素巧妙地融入创意产品之中。

比如，具有代表性的苏绣产品《事事如意》绣屏（见图5-1），它将传统吉祥纹样中的如意图案当作外形，又运用了苏绣打籽的针法将柿子绣上去，采取了"事事如意"的谐音，给人以美好吉祥的寓意。

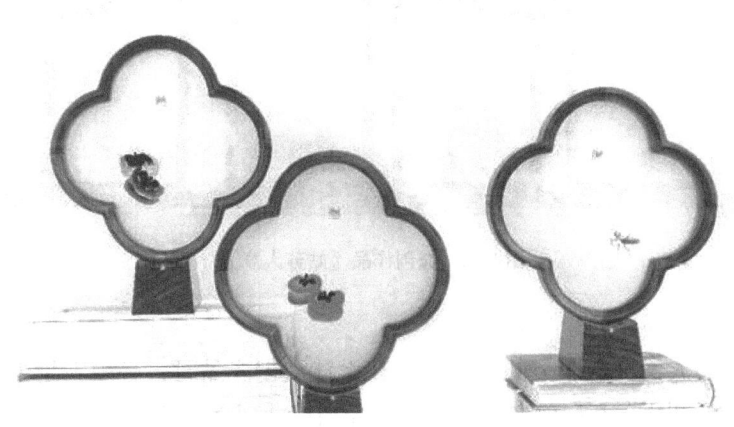

图 5-1 《事事如意》绣屏

---

① 鲍懿喜:《手工艺：一种具有文化意义的生产力量》,《美术观察》2010 年第 4 期,第 37 页。

（2）强调艺术审美原则

传统的苏绣中，追求绣品的"精、细、雅、洁"，所谓"精"和"细"指的是工艺上的精湛，"雅"和"洁"则体现在成品超高的艺术品质。苏绣文创产品一方面需要将苏绣高超的艺术水准延续下来，另一方面还要考虑现代人的审美需求，在设计中加入现代时尚的元素。

2016年，中国工艺美术大师邹英姿将系列双面绣苏绣文创作品《姑苏人家》（见图5-2）展示给世人。这一系列作品改变了以往双面绣的装裱样式，它的外形轮廓借鉴了苏州传统的园林建筑轮廓外观，采用粉墙黛瓦的传统建筑风格，风格简洁，符合现代人的审美眼光。另外，作品沿用了传统苏绣高超的技艺，工艺精美，每一件小作品都是一个独立的江南场景，将这些独立的小作品组合在一起，便是一幅巨型的江南水乡村落图。《姑苏人家》准确把握了当代人的审美原则，成为苏绣文创产品的代表作之一。

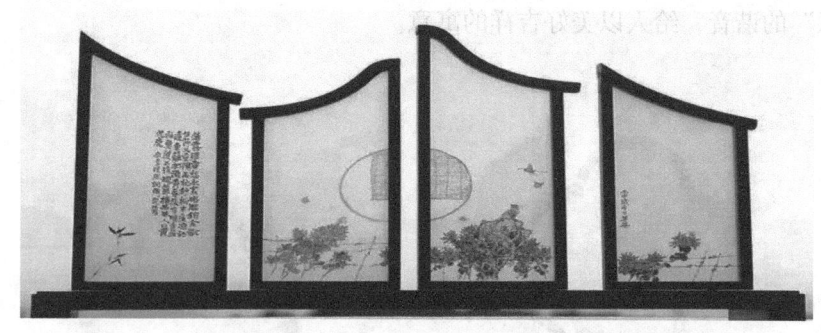

图5-2　文创作品《姑苏人家》

（3）突出时尚实用原则

设计是为人民群众服务的。所以，在设计文创产品时，必须立足于大众的审美和消费需求。从一开始的产品定位、设计构思，到之后的产品制作、产品实现，都必须将消费需求放在首位，原因是消费者是否会产生购买行为，跟产品是否实用关系很大。此外，还可以改变产品的外观，如色彩、图案等，将其进行系列化推出，有利于使产品更加完善，满足不同审美眼光的消费者的需求。

当今社会，文化创意产业在快速发展，但是文创产品的设计还处于起步阶段。

所以，应加快苏绣文创产品的设计研发，促进苏绣文创市场的繁荣，同时也可以积累经验，为其他传统工艺美术门类提供参考和借鉴。传统工艺美术，特别是苏绣艺术，必须以大众需求为导向，以当代审美标准为参考，把传统元素和现代创意充分融合在一起实现设计创新，才能真正大力发展当代传统工艺美术类文化创意产品，使其广受大众欢迎。

三、剪纸

剪纸是一种雕刻艺术，也是一种剔刻艺术，所以又叫作"刻纸"，剪纸作品具有镂空、通透的艺术美感。剪纸用到的材质主要是纸张，金银箔、皮革、布、树叶等也可以作为剪纸的载体。

在古代，陕北人信仰巫术，几乎每一名陕北女子都可以用一把剪刀和几张纸，剪出栩栩如生的作品。因为交通不便，长期以来她们很少与外界有沟通，导致陕北民间剪纸文化不受外界影响，一直保留着最原始的风貌。陕北剪纸具有粗犷、简练的艺术风格，是我国传统文化的瑰宝之一。

（一）陕北剪纸概述

陕北剪纸使用最简单的工具，一把剪子、一张红色的纸便能制作一幅艺术作品。陕北剪纸一般有两种方式，直接剪和先画样再剪。另外陕北剪纸可以分为阴刻和阳刻两种，根据刀法不同，会产生锯齿纹、月牙纹、柳叶纹、云纹等独特纹路。

我国传统的散点透视法在陕北剪纸中得到了广泛应用，其独特之处在于采用了"全视角"的手法。陕北地区的剪纸艺术与我国传统的叙事文学有着异曲同工之妙，其运用的是一种富有表现力的叙事语言。在二维平面上，呈现的是一种毫无遮挡的"二维平铺"视觉，给人一种超越逻辑、超越时空、超越现实的感受。这种视觉思维方式完全背离了古典美学一贯秉持的中央视角，从而形成了一种全方位的叙事模式。

（二）陕北剪纸文创设计

1. 剪纸文化元素中图样、纹饰的提取

剪纸，作为我国传统文化的重要组成部分，以其独特的民族特色和丰富多彩的图案而著称，每一种图案都蕴含着深厚的传统文化底蕴，是最能展现人类思想情感的一种视觉艺术形式。陕北剪纸图案蕴含吉祥美好之意，如"坐帐花"象征多子多福，"守门娃娃"象征平安顺遂。剪纸艺术家运用了反复、二次连续、四方连续、对称、夸张、变形等多种技法，从而创造出独具匠心的艺术效果，进一步提升了剪纸的艺术性和装饰性。陕北剪纸的图案丰富多彩，赋予其更多的可开发性，不仅提升了产品的文化价值和附加值，同时也推动了陕北剪纸的广泛传播。

在陕北地区，人们对狮子、虎等动物的崇敬之情体现在了剪纸中对狮虎图案的偏爱上，这些图案不仅为文化创意注入了趣味，同时也展现了生动有趣和美好寓意的特质。高凤莲的剪纸杰作《艾虎》就是以虎为蓝本构思而成。高凤莲巧妙地将老虎的智慧、机智和健壮的体魄完美地融合在一起，艾虎的朴实可爱形象和产品组合深受广大消费者的青睐。库淑兰被尊称为"剪花娘子"，是我国民间工艺领域中备受推崇的大师之一。她的创作风格以简练明快为主调，鲜艳丰富的色彩为特色。经过剪裁、粘贴和有机组合，彩色剪纸呈现出一种独特的风格，令人叹为观止。如《生命树》就是这样一幅充满色彩的作品。一棵参天大树为主体，其上点缀着各色植物、花鸟等物象，色彩鲜艳，令人感受到无限生机，这也是其与众不同之处。

此外，在文创产品中，还可以将剪纸艺术同与人们生活息息相关的厨具、文具、装饰品、旅游纪念品等物品结合起来。

剪纸文化中，纹饰是十分重要的一方面，而作为剪纸文化代表的陕北剪纸文化的装饰，则凝聚其精华，以其精美多样的纹饰著称，如锯齿纹、月牙纹、线纹、柳叶纹、单牙纹、花卉等。这些纹饰都可以作为装饰，与文创产品相结合，形成不同的创意，简单又富有艺术感染力。

2. 陕北剪纸图案的寓意应用

陕北剪纸中另一主要题材是各种神话传说、戏剧故事、动物植物等，它们是陕北剪纸文化的精华，有着各种不同的寓意。陕北传统的剪纸图案看似简单，仅仅将自然和真实的事物加以呈现，实则蕴含着阴阳协调、万物造化、自然和谐的理念。剪纸艺术颜色朴素，形象略微夸张，陕北人民就是通过这样的形式将自己的内在心理表达出来，实现舒缓情绪、减压放松的目的，陕北人民的淳朴、善良、纯真的性格，在剪纸这种艺术形式中体现得淋漓尽致。

3. 陕北剪纸与现代设计的融合

随着技术水平的不断进步，新材料和新技术层出不穷，丰富了艺术作品的表现形式。陕北剪纸也应该适应时代发展要求,在材料、工艺等方面做出改变和创新。

设计师Hari夫妻所创作的梦幻立体纸雕灯箱(见图5-3)就是剪纸艺术的一种创新。这件作品借鉴了传统剪纸艺术中的镂空工艺,创作出精美的艺术纸雕。它使用纸质材料作为灯箱,将多层水彩纸层层切割完成纸雕,并在纸雕内放置LED等,产生梦幻般的艺术效果。令人惊讶的是,普普通通的纸张,通过光影的映衬,居然能产生如此奇妙的艺术效果。因此,我们在设计文创产品的时候,也可以借鉴这样的创意,使文创产品更出彩。

图5-3 梦幻立体纸雕灯箱

丹麦剪纸大师彼得·卡罗琳,其剪纸作品被叫作"立体剪纸"。他往往先在纸上设计好图案,再将设计好的图案剪下来,经过一系列的折叠、剪裁、粘贴操作,使剪纸艺术呈现出独特的效果。一般来说,剪纸作品以二维平面为主,而彼得·卡罗琳的剪纸作品则实现了突破,呈现出立体的艺术效果。上述研究说明,通过分析不同艺术家的作品,能够在其中找到不同的艺术创作灵感及创作思路。

陕北剪纸是中华传统文化的一部分,也是陕北人民不可或缺的精神世界的一部分,是其追求美好生活的一种直接表现。它拥有丰富的精神内涵,同时也有独特的审美意境,对研究我国传统文化起到了一定的指导作用。随着我国人民文化水平的进步，消费者不再仅仅关注产品的实用功能，同时也开始关注产品中所蕴含的文化和精神内涵。当代文化创意产品的设计，完全可以借鉴陕北剪纸。

第二节　古代文学与文创产品设计的融合

一、小说

在中国古代文学史上，《红楼梦》是十分重要的一部文学巨著，它是由清代文人曹雪芹所写的一部小说，生动形象地描绘了贾家由盛转衰的整个过程，具有十分深厚的文学底蕴。这本小说反映了当时贵族阶级的日常生活，展示了饮食、建筑、服装、礼仪、风俗等各个方面。

根据《红楼梦》来进行文创产品设计，可以从书中所描写的多个方面进行，反复提炼要点，从中找到最适合切入的领域进行研究设计。关于《红楼梦》的文创产品设计主要可以分为八大类项目，分别是服装、食物、装饰品、生活用品、家具、餐具、饰品、建筑。从中选取几个方面，下面进行简要分析。

从美食方面来说，中国历史源远流长，各个地区民族的地域、风俗等各不相同，这也就使得各种美食更是多种多样，数不胜数，在清朝末年，随着历史的演变，鲁、川、粤、苏、闽、浙、湘、徽八大菜系就已经分化形成。《红楼梦》作为一部描写封建时代生活的小说，其中就包含了许多有关饮食的内容，对于饮食文化方面的描写丰富多彩，红楼美食的精美雅致不仅展现了封建贵族的奢华极致享受，同时也以巧妙的手法刻画了人物性格，精致的贵族美食更是让读者沉浸其中，感受到身临其境的震撼。

红楼美食十分丰富，多姿多彩，不仅有各种美食，同时还有许多茶酒点心。

关于《红楼梦》中的饮食，国家博物馆就曾经依据其进行了文创产品的设计，推出了一款红楼餐饮文创，制作了形式造型各异的糕点，不仅形美，味道也十分好。在造型设计上，它是以唐朝时期的传统茶果子为载体，在此基础上又对红楼夜宴的景象不断推敲制作而成，既展现了当时贵族小食的精致典雅，同时还融入了新颖的时尚元素，如同艺术品一般，令人爱不释手。（见图5-4）

图 5-4 红楼糕点文创

中国地大物博,各个地域的地形风俗相异,饮食文化也有着十分明显的差别,这不仅体现在食物的造型、味道等方面,还体现在食材本身的选取及烹饪制作方法、餐具的选择与使用等方面,因此,在文创产品设计中,关于餐具的设计也是一个可以考虑的设计方向。

(1)设计定位

在对餐具进行设计时,需要专注于研究书籍中的细节,尽量对其进行还原,同时还要满足现代需求和设计,比如正餐所用的餐具、小食所用的餐具、饮酒饮茶所用的餐具等。餐具的主要材质有多种,包括木质、玻璃、陶瓷和玉质等,而在《红楼梦》一书提到的餐具材质中,陶瓷是最常见的一种。

(2)设计概念

在针对《红楼梦》中的餐具进行文创设计的时候,要依据书中的描绘,将其中的美学元素、时代背景相融合,从中选取符合现代审美的特征进行提取与概括,并从多个角度对其进行创作与设计,比如图案、形态、颜色、比例、平衡等,使其具有美感,同时也带有历史气息。

在餐具设计中，形态外形设计是至关重要的一环，餐具的外部形态的轮廓线究竟是偏低平还是高挑，是刚硬还是圆润，都需要慎重考虑。

针对瓷器来说，不同的上釉方式会呈现出不同的层次和颜色，瓷器的色彩多种多样，器皿表面的纹路感和层次感也会因颜色的附着而得到增强。

应用在餐具上，简单地将各种图案元素附着在餐具表面之上，并不能很好地将其美学特征表现出来。要想更好地展现其美学特征与设计风格，可以通过设计师的创意演化将其中的某些图案元素变成标识性的图案，将其应用在背景图案或点缀中，或者应用于周边平面化产品开发的应用上。

在作品的整体设计中，平衡是一项至关重要的要素，它能够营造出一种令人感到亲切的感觉，让人感到舒服，因此在进行文创产品逐个设计的过程中，必须牢记整体平衡的要求。

（3）具体文创产品

在《红楼梦》中，有很多小食、点心，十分风雅精致，盛放这些点心、小食的餐具也极具美感。比如小果碟与攒盒，它们主要用来盛放月饼、糕点、茶果子等小食，也可以盛放一些其他的零食。攒盒盘面的外形就像一个大寿桃，在攒盒的内部有着多个小格子，小格子上面还有着一些花卉的图案，这些花卉的图案就象征着宴席之中的几位女子，正中间是圆形的造型，同时镶嵌着一颗玉珠，这代表着宝玉，众星拱月，同时也寓意人们为宝玉庆生祝贺。在这些小格子中可以放置一些零食、果脯等。（见图5-5）

图5-5 攒盒文创

再如酒壶和杯子。在《红楼梦》中,因为螃蟹性寒,黛玉吃后感到心口微微疼痛,于是她决定喝一口热热的烧酒。宝玉忙令人将那合欢花浸的烧酒烫一壶来。在享用螃蟹美食的同时,不可忘记品尝美酒;在享用茶点的时候,通常也要饮茶,茶果子糕点与饮茶也是绝佳的搭配。

在对杯子进行设计的时候,可以展示出花瓣式的起伏错落之感,这里有三只由大到小、错落有致的杯子,叠放在一起,就如同绽放的花朵一般,极具美感。(见图 5-6)

图 5-6 杯子文创

除了上述的餐具相关的例子外,在《红楼梦》中还描写了许多贵族少男少女之间常常进行的游戏,颇有趣味。比如占花签,在《红楼梦》中,占花签是一种富有趣味性的游戏,常常出现在餐桌席间。书中对这一趣味游戏描写得十分细腻和真实,并有许多细节描写。在众多游戏中,书中的占花签占据了较大篇幅,其所营造的游戏氛围十分浓厚。在书中的第六十三回"寿怡红群芳开夜宴"中,作者细致入微地描绘了一幅占花签的场景。在宴会上,人们所抽取的花签隐含着对人物命运的深刻隐喻,同时也蕴含着极具预见性的意味。

诗词和音乐之间存在着紧密的联系,不可分割。针对《红楼梦》中的花签进行文创产品设计,其造型灵感来自琵琶,它是小说中一种演奏助兴乐器,将琵琶的外形特征进行归纳提炼,并将其与花签结合,签子整体为琵琶柄的形态造型,而底部的外轮廓形状则像如意一般,寓意美好。此外,在每个签子上还带有花草图案和诗句,符合金陵十二钗的人物形象。(见图 5-7)

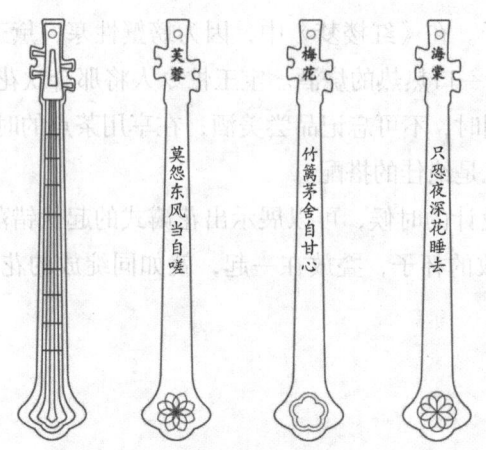

图 5-7 占花签文创

二、戏曲

戏曲有很多种类，比如京剧、昆曲、徽剧、河北梆子等，这里以昆曲为例，讲述昆曲的文创产品设计。昆曲是传统戏曲中最古老的剧种之一，以优美的曲词、婉转的行腔和细腻的表演著称，不仅具有极高的艺术价值和研究意义，而且也是一种优秀的文化遗产。

从艺术体系上看，昆曲包含多个方面的艺术，比如舞台布置艺术、道具艺术、行头服饰艺术、曲谱、剧本故事等，这些艺术都能够应用到文创产品设计之中，下面选取几种进行文创产品的设计实践。

1. 妆发艺术的设计表达

在昆曲艺术中，妆发艺术是最直观的视觉表现，展现出不同的人物性格与形象，主要可分为两大类，一是"花面妆"，二是"净面妆"。"花面妆"主要用来表现那些比较凶残、奸诈的人物，"净面妆"主要用来表现高大俊美的正派人物。

自经典昆曲中精选五名角色作为脸谱主体，囊括了昆曲三大类行当（旦角、生角、净丑角）。五名角色分别为《牡丹亭》中的柳梦梅、《琵琶行》中的赵五娘、《虎囊弹》中的鲁智深、《单刀会》中的关云长、《西游记》中的孙悟空。将昆曲脸谱与两种中国传统扇结合，期许在创造趣味的同时勾起使用者对昆曲的好奇心，进而接触它、了解它。团扇款采用透明材质，在团扇上印刷脸谱，当扇面与使用者脸部重叠时犹如昆曲中的经典角色跃现眼前；折扇款为不透明材质，仅呈现脸谱的下半部分，达到亦是扇子亦是面具的趣味感。两款既实用又不昂贵的产品非常适合在景区售卖，游客人手一把，消暑的同时更结合当地文化创造出了独特意象。（见图5-8）

图5-8　昆曲文创产品——扇子

2.服饰艺术的设计展现

昆曲的服装造型艺术又称"行头"，主要分为"衣、盔、杂、把"四类。[①]"衣"是指昆曲演员在戏曲表演中所穿的服装，"盔"多是头部的帽子、抹额等饰品，"杂"指髯、手持道具等，而"把"则是指兵器道具类。在昆曲中，这些服饰规范比较严格，在表演时，往往根据人物的不同选取不同的服饰来进行搭配。

下面这款黄铜书签根据昆曲的生、旦、净、丑四个角色进行萌版创新设计，设计出符合当下市场的产品。书签用腐蚀、雕刻、电镀等工艺制作而成，同时加上不同色系的包装，包装为纸质镂空，简洁且具有趣味性，在使用的同时传承昆曲文化，让人领略到大美昆曲的魅力。（见图5-9）

图5-9　昆曲文创产品——书签

[①] 朱恒夫：《论昆曲行头及穿戴原则》，《四川戏剧》2019年第1期，第4—10页。

3. 舞台艺术的设计阐述

在昆曲艺术中，舞台艺术也是至关重要的，它推动着戏剧情节的发展，营造出所需的氛围与情境。在进行昆曲的舞台艺术的文创产品设计时，要从舞台的形状样态、色彩、构图规律等多个方面提取元素，将其与文创产品相融合，体现昆曲舞台艺术的美感。

下面是根据昆曲的乐器所设计的文创产品。本产品是采用 925 银做成的小型泡茶器（见图 5-10），采用 3D 打印后用石蜡浇铸的方式。银链子使用市场现有配置，可批量生产。包装采用胡桃木盒，价格合适。用 CNC（数控）加工方式亦可批量生产。虽然材质用了银，但是壁很薄，成本不高，木盒上采用烫金工艺，凸显品质，成品质量可期。

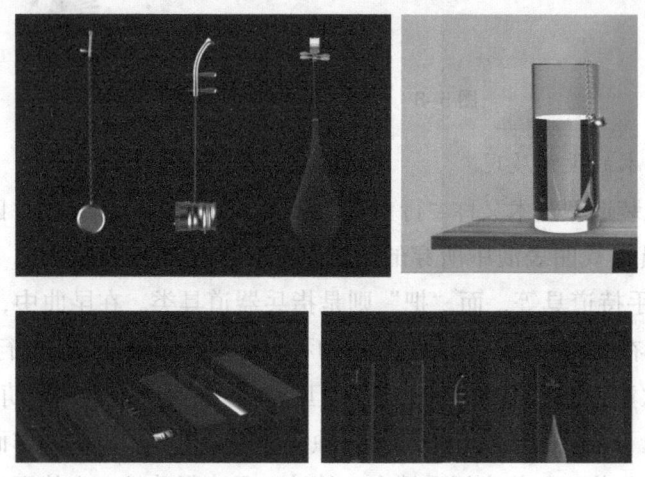

图 5-10　昆曲文创产品——茶具

除了有昆曲乐器设计而成的文创产品，还有将昆曲舞台设计成礼盒的外包装的文创产品。其以屋顶为礼盒盖子，戏台主干为礼盒盒体，可让人体会到观看昆曲舞台表演的乐趣。

第三节　民俗文化与文创产品设计的融合

作为一种民间文化，民俗紧密联系着人们的日常生活、习惯、情感和信仰，它是地域传承传统文化的重要组成部分，是一个民族或社会群体代代相传的习惯、喜好、风俗和禁忌等。民俗是人类在长期生活实践中创造出来的具有一定特点和风格的民间口头传说、文化习俗及各种活动的总和。

一、民族习俗

这里主要以海南黎族为例，讲述民族习俗与文创产品设计的相互融合中应注意的几点。

（一）应用原则

1. 以实用为基础，紧贴民族特色

在文创产品设计中，器用之美在于其实用性，在《工艺之道》中，柳宗悦曾经强调，审美功能必须建立在以人为本的实用功能基础上。另外，在针对民族习俗进行文化创意产品设计的时候，黎族传统民俗文化在文创产品设计中的应用也是不可或缺的。黎族文化博大精深，它不仅包含物质方面的内容，更涵盖精神层面的内涵，如生产生活习俗、宗教信仰等。在黎族传统民俗文化的发展历程中，以"用"为中心的本质初衷及实际功能意义始终贯穿其中，因此，在依据黎族传统文化习俗进行文创产品设计之时，也要以此为基础进行设计创作。黎族的文化传统有黎锦、山兰酒、独木舟等，这些产品不仅具有浓郁的民族特色，同时也满足了黎族人民日常生活的需求，具有实用性。在对黎族传统文化的文创产品进行设计时，不仅要满足当地的民俗文化，同时还需要不断创新，与时俱进，以满足消费者新的审美偏好和价值追求。

2. 以文化为导向，发挥创新本质

在针对黎族的传统民俗文化进行文创产品设计之时，要以文化为导向，发挥创新本质。黎族文化蕴含着深厚的文化内涵，彰显了黎族人民在文化领域的追求，其核心在于其独特的民族文化属性，文创产品的设计应该以文化为灵魂，将这种文化理念融入产品设计中，并展现出文创产品独特的文化品位。通过对黎族传统民俗文化的深入研究分析，可以对其进行创新，为设计提供新的思路。在进行文创产品设计时，要深入理解其文化深髓，进一步挖掘其文化内涵和精神，在对黎族文化的传承中实现创新，对其独特审美进行解读与展现，将现代气息与民族传统文化融合在一起，创作出符合大部分人的审美的文创产品，比如有黎锦元素的包（见图5-11）。此外，还要结合现代设计方法与技术来开发具有民族性、创新性及时代特点的黎族传统文化文创产品，使之成为新时期下最具代表性的本土品牌之一,提升消费者对黎族传统民俗文化的情感认知和文化体验感,从而增强其文化价值。

图 5-11　有黎锦元素的包

3. 以情感为目标,把握审美取向

针对黎族传统民俗文化的文创产品设计,还需要以情感为目标,把握审美取向,必须在形式上充分考虑消费者的审美标准和情感需求。从符号学理论来看,文化创意产品是一个民族历史和智慧的结晶,它体现出鲜明的民族风格及独特的艺术魅力,具有深厚的文化底蕴。黎族传统民俗文化的文创产品设计不仅继承了黎族传统民俗文化符号的独特之处,同时还不断探索和创新,不断融合现代审美理念,体现了现代审美的特点,反映了时代主题。将民族元素融入文创产品中,可以使产品具有一定的历史价值和人文意义,同时还能满足大众的情感需求,增强其认同感。比如,黎锦所蕴含的寓意,是一种充满和谐、幸福、如意的美好寓意,对于广大旅游消费者来说,这些也反映他们内心的情感需求,是十分朴素美好的真实愿望。因此,文创产品的设计需要考虑到消费者的情感需求,例如《这香有黎》系列作品,这些作品不仅仅具有美观性、时尚性和情趣性,同时更是一种情感体验,它能够唤起人们内心深处的回忆,对黎族文化传统形成一种比较明晰的认知,同时还能够使人们产生一种情感共鸣,这些都是文创产品设计所需的情感内核。

(二)文化符号提取

作为中国民俗文化的重要组成部分,黎族的民俗文化源远流长,他们主要生活在海南岛上，这里四季如春，气候潮湿，地理条件比较独特，这就为黎族人民提供了优越的发展条件和生存空间。随着人们物质生活水平不断提高，对于精神方面的追求也越来越多，而对传统文化的传承和保护成为当前需要关注的问题之一。在文创产品的设计和开发中，黎族的传统民俗所蕴含的独特文化内涵得到了充分的呈现。黎族传统民俗中蕴藏着丰富的精神元素和艺术形式，这些元素可以作为文创产品设计的素材来源，并与其他文化相结合而产生具有鲜明地域风格和民族特色的创意作品，成为文创产品设计中不可或缺的核心元素。下面，主要针对黎族传统习俗中的三大类民俗进行文化符号的提取。

1. 传统物质民俗中文化符号的提取

物质民俗所包含的习俗与文化，涵盖了人们日常生活中的方方面面，包括但不限于衣着、住所、交通等。黎族是我国古老民族之一，其物质民俗文化有着独特的魅力和深厚的文化底蕴。黎族居住于海岛之上，其物质和民俗文化呈现出热带海岛的独特风情，包括但不限于编藤、船型屋、葫芦舟、黎锦、饰品、山兰酒等，通常情况下，对其文化创意产品进行设计时，要以黎族民俗文化的外观特征为基础，涵盖了色彩、造型、材质、肌理、线条、细节加工等多个元素。黎族物质民俗的外观特征对其产品的创新设计起着至关重要的作用。在探究黎族物质民俗文化的外观特征时，可以考虑多种形式，如外观局部特征的提取、纹样特征的提取等。黎族有很多不同种类的传统饰品，不同的纹饰象征着不同的内容，内涵丰富，其中龙纹、云纹象征喜庆，凤尾纹象征和谐幸福，缠枝纹象征团结和睦，对这些传统的纹样进行提取，并将其应用于文创产品之上，融合民俗元素，方能使文创产品成为独具匠心的佳作。黎族服饰文化源远流长，服饰种类繁多，与当地人们生活息息相关，其图案多采用海南常见的热带植物、动物和山川等纹饰。从这一角度来说，我们也可以通过对黎族传统服饰进行研究来发现黎族物质民俗文化与服装设计之间的联系。以历史为依据，以民俗元素为特色，对其传统民俗文化进行符号提取，从而开发设计黎族传统民俗文创产品。

2. 传统社会民俗中文化符号的提取

社会民俗就是指社会风俗习惯，通常它是在人们自发的潜移默化中形成的。因为黎族长期处于封闭的生存环境中，随着时间的推移，就逐渐形成了一种独具特色的文化形态，黎族的社会民俗文化蕴含着丰富多彩的内涵。黎族社会的传统文化中，三月三、纹面、竹竿舞等活动是不可或缺的组成部分。这些文化习俗都与黎族人民的生活息息相关，对黎族社会产生着重要影响，也成为人们研究黎族社会文化不可缺少的部分。黎族社会中，纹面是一项具有代表性的民俗，它主要是指在妇女的脸上纹饰图案，以此来纪念祖先，不过，随着时代和社会的演变，这一传统已经逐渐消失。在不同的黎族聚集地中，纹面的图案符号也是不同的，传说可能是用来区分不同的部落，此外，这些纹面符号还具有祈求平安的含义。黎族纹面所呈现的图案形态各异，种类繁多，展现出黎族文化的浓郁民族特色，目前，纹面习俗已经几乎不再有，但仍可传承其纹面图案中的视觉元素，并将其提取、转化为纹面贴纸。除此之外，黎族最为重要的节日是"三月三"，在这个节日中，人们对歌、舞蹈、拔河、饮酒、击鼓等，通过对这些进行符号提取，也可以对文创产品进行体验设计。

3. 传统口承民俗中文化符号的提取

在黎族传统民俗文化中，口承民俗也占据着十分重要的地位，许多民间传说都是通过口口相传的方式流传了下来，是黎族珍贵的文化遗产，比如《木棉树的传说》《黎母山的传说》《鹿回头的传说》《大力神》等。从黎族口承民俗入手，对其蕴含的艺术元素进行分析研究，可以通过多种文化符号的情感诠释而得到提取，提炼口承民俗所蕴含的设计思维和造物思想，以及可供运用的设计技巧，以期更好地挖掘和利用黎族优秀传统文化资源，将黎族口承民俗所蕴含的寓意和精神融入文化创意产品设计之中，主要有以下几种形式：提炼黎族口承民俗所蕴含的设计思维和造物思想，以及可供运用的设计技巧；提炼黎族口承民俗所蕴含的寓意和精神，诠释其文化符号的情感；提炼黎族口承民俗的历史背景和故事性，以呈现其源远流长的文化底蕴；提炼黎族口承民俗中与当代生活相契合的审美模式，使其与现代生活相呼应。行走在三亚，在黎族民居的墙壁上，可以看到一个特有的像，那就是黎族人的祖先，被黎人尊称为"大力神"。

传说，远古的时候，天上有七个太阳和七个月亮。大力神射下了六个太阳和六个月亮，又从南海挑来沙土，造山叠岭，他的落发化为森林，他用脚踢出大小无数沟谷，洒下的汗水成为这些沟谷里奔腾的河流。完成创世伟业后，大力神溘然长逝，他高高举起巨掌，化为五指山……

黎族，是海南岛最早的居民。他们为了纪念先祖，会在建筑物的墙面上刻大力神的像。《三亚风情之大力神》紫砂套壶（见图5-12），便是以这个美丽传说为主题创作的。

图 5-12 《三亚风情之大力神》紫砂套壶

二、地方节庆习俗

近年来，在文创产品设计中，地方节庆习俗也开始受到人们的重视，设计师从民俗事象、生活观念及造型、纹饰等多方面文化入手，对其进行研究，进而深入探讨。以潮州文化为例，潮州地区的节庆活动源远流长，蕴含着丰富多彩的民俗内涵。在潮州的节庆活动中，春节期间"劳热""营老爷"等民俗活动十分流行，构成了一幅热闹非凡、妙趣横生的民俗文化画卷。除这些春节传统习俗之外，还有潮州青龙庙会、潮州工夫茶、潮乐、潮剧等，这些都与潮州当地的节庆习俗有着十分紧密的关系，彰显了其独特的艺术魅力。在当下文创设计的浪潮中，我们可以汲取地方民俗文化中的文化元素，从中提炼主题，寻找灵感，将潮州的节庆习俗文化融入文创产品设计之中，以创作出符合当代生活本质和价值观念的"民俗新物"。

1. 文创 + 节庆民俗的主题

中华文化源远流长，博大精深，众多节日往往有着不同的习俗与庆祝活动，这些习俗与庆祝活动往往是由当地居民共同创造和共享的，其目的是满足各种生活和生产需求，包括但不限于春节期间的游神赛会活动、元宵闹花灯、清明祭祖和端午赛龙舟等，它们是人们在特定时间内对某种民俗事象的庆祝与纪念，主要涉及人们的生存、繁衍、感官愉悦及性情陶冶等方面。潮州工艺美术品的主题也源于这些元素，展现了人们对于节日的美好祝愿，如潮州的潮绣作品《双龙戏珠》、木雕作品《三羊开泰》等，这些元素是潮州工艺美术品的精髓。在特定的时间和空间背景下，节庆民俗的发生衍生出具有地域文化特色的主题内容，如潮州木雕《龙虾蟹篓》，从主题、题材、材料和造型四个方面都凸显了强烈的地方文化特色。

潮州是国家历史文化名城，历史悠久，它不仅有着自己的方言、音乐、戏剧、风情民俗，还有着自己的菜系、工夫茶、工艺品、人文心态等，其地域文化是古代潮州土著文化、中原文化及海外文化的融合。例如，其方言具有十分独特的地方个性，潮州方言形成比较早，发音、语法也比较特殊，保留了很多古字音、古声调与古词汇，展现出十分独特的古雅韵味。将潮州的非遗技艺与方言融合起来，可以作为文创产品开发的主题，如与潮州元宵节花灯有关的俗语"雅过纱灯"，与铁枝木偶相关的"猛过纸影担竹椅"等，以这些方言为出发点，同时将注意力聚焦于具体的时间与空间上，力求将场景中的细节展现得淋漓尽致，以激发消费者的购买欲望。

2. 文创＋节庆民俗的功能应用

以地方节庆习俗为基础，对其进行文创产品设计，除要重视其文化内涵及美学要求之外，还需要满足其功能应用。通常情况下，人们在设计和制造产品时，需要满足至少两个基本要求，或者说产品必须具备两个基本特征：一是产品本身所具备的功能，二是产品的存在形态。从产品本身所具备的功能来说，其主要与日常生活息息相关，然而这些实用功能并不能真正表达文创设计的核心理念。因此，对于文创产品来说，它存在的形态要与文化相适应，必须遵循文化规律，以满足使用者的感官需求，并且还要达到一定的审美效果。早期的潮州工艺美术品，大部分发端于衣食住行，比较朴素实用。然而，随着时代的变迁，现在的潮州工艺美术品已经脱离了之前的实用功能，成为一种装饰用品，向着极致的材料与繁复的工艺迈进。在针对潮州非遗文化与节庆习俗进行文创产品设计时，需要考虑产品的基本特征。从文化传承的角度来说，潮州百姓重视宗族家庭观念的传承，烟火气中保留着讲究细节、善于融合的特点，因而许多民俗物品在节庆民俗活动中以工艺美术品的形态出现，这一类物品有具体的实用性，同时体现了当地工艺美术的艺术风格。例如，第二届"龙湖杯"全球潮人工业设计大赛概念组参赛作品《红桃粿》，选取了潮汕地区中秋佳节使用的莲花灯作为设计元素，结合潮州饮食文化中的特色食物——红桃粿，设计了具有实用功能、审美体验、地方节庆民俗文化的作品。

3. 文创+节庆民俗的情感体验

从本质上说，文创产品设计要满足人们对美的需求。对于那些拥有丰富视觉审美体验的消费者而言，单纯依靠视觉效果难以激发他们的兴趣和情感体验，因此需要注入更多的认知和体验方式，以达到更好的效果。在节庆民俗活动中，通过精心策划，采用各种各样的形式，为民众营造了一个热闹喜庆的独特文化空间场域。因此，对这种美好场景中的一些文化元素进行提取和情景化的再现，能够提升消费者的情感体验，从而更好地进行非遗文化传承。

在文化创意产品设计中，单一的以审美为基础的设计方向，已经无法满足民众的需求。如今随着社会的发展，用户的兴趣与体验变得越来越重要。往往只有能够吸引用户的兴趣，并能够尊重用户喜好与体验的产品才能够赢得用户的心，从而赢得整个市场。因此，在进行文创设计时，要考虑到这一点，创造具体的生活场景，包含文化、形式、功能等元素，以激发人们的情感。

第六章
中华传统文化相关的文化创意产品设计实际案例

　　党的十七届六中全会通过的《中共中央关于深化文化体制改革 推动社会主义文化大发展大繁荣若干重大问题的决定》提出："文化是民族的血脉，是人民的精神家园。"[①]近年来，越来越多的人开始对文创产品产生浓厚兴趣，将其视为消费市场上备受瞩目的热门话题。从某种意义上说，文创产品是对文化的传承与发扬。文创产品的价值不仅在于其能满足人民群众多元化的需求，还在于其对地域文化的推广和宣传具有积极的作用。目前，我国各地纷纷推出了具有自己特色的文创品牌，并且取得了很好的经济效益。然而，文创产品的演进过程中存在着诸多难题，如创新设计理念的缺乏和同质化现象的出现，这些问题使得有些文创产品难以唤起人们内心深处的情感共鸣。为了解决这些问题，我们应该积极地寻找一种有效的方法来促进文化创意产业更好更快地向前发展。本章主要内容是中华传统文化相关的文化创意产品设计实际案例，分别从四个方面进行了深入分析，探讨了其中的优劣之处，并提出了一些关于文化创意产品设计的独到见解和设计思路。

[①]《中共中央关于深化文化体制改革、推动社会主义文化大发展大繁荣若干重大问题的决定》，《先锋队》2011年第23期，第19—28页。

第一节　沈阳故宫的满族服饰文创产品设计

满族诞生于东北地区，独特的自然环境、人文历史使其形成了独特的民族文化，其中满族服饰作为其传统文化的重要组成部分，具有鲜明的民族特征。八旗服饰与清宫服饰是满族服饰中最具特色的代表文物，有助于我们了解和研究满族服饰。沈阳故宫博物院现藏大量八旗服饰、帝后服饰藏品，这为我们开展文化创意设计与产品研发，提供了丰富的参考素材与想象空间。我们应该在充分了解文物内涵和历史背景的基础上，采用现代的设计理念，以提取的文物色彩、图案等元素来组合、重构系列文创产品，这样不仅能够提升文创产品的魅力和趣味性，还可以使观众通过产品去深入认识文物藏品，从而达到传播历史文明与民族文化的更高追求。

一、沈阳故宫文创开发意义及现状

沈阳故宫总占地面积 63 272 平方米，建筑面积 18 968 平方米。宫殿建筑是沈阳故宫的重要特色，除此之外，清代初期的宫廷文化、艺术珍品等更具影响力，众多的馆藏文物中包括独具特色的清初遗物、精妙绝伦的官窑瓷器、价值连城的明清书画、工艺繁杂的杂项器物，以及典雅高贵的清宫服饰和巧夺天工的家具陈设等，这些珍贵的馆藏对研究历史、解读文化意义重大。与此同时，丰富的馆藏也是博物馆文化资源和文化实力的物质体现，是文化创意产业开发的根本和载体。深入分析文物藏品的生产背景和制作工艺，对研究历史时期的社会现状具有重要作用，面对沈阳故宫如此丰厚的文化底蕴和文化资源，我们需要进行整合分析，找到可开发利用的文化元素，进行系统化的规划设计，从而实现文化资源的再生。

近年来，沈阳故宫在探索符合自身的文创产品发展中取得了丰硕的成果。沈阳故宫是清朝初期历史文化发展的缩影，在清文化承袭、传播和发展方面起着积极重要的作用，利用沈阳故宫自身文化资源深度挖掘深层次文化内涵，研发、设计、推广优秀的文创产品不仅能够有效地推广故宫文化，还能够促进城市旅游业的发展，使文创产品开发系统实现自我"造血"，形成良性循环。

沈阳故宫文创产品包括工艺美术品、非遗文创产品、文创食品等。特色系列有"建筑"系列、"八旗"系列、"永福"系列、"仿古"系列等近千种产品，沈阳故宫在文创产品的设计研发中不断挖掘自身的文化价值，努力将历史文化与创意设计结合于产品中，使更多人通过文创产品了解沈阳故宫文化。从文化产业的角度来看，文创产品的开发流程包含了四个步骤：文化符号挖掘、产品设计、产品生产和产品销售。下面着重探讨沈阳故宫满族服饰文化符号挖掘及其在文创产品设计中的运用。

二、沈阳故宫满族服饰中的重要元素

满族服饰是满族文化重要的组成部分，也是直接被继承下来的最直观、最能代表满族民族特色的物质文化。清朝文化和社会生活对服饰产生了深远的影响。

（一）八旗服饰

努尔哈赤建立了八旗制度。八旗实际上包括满、蒙、汉军各八旗，共二十四旗。八旗旗色以黄、白、红、蓝及镶边加以区分，旗兵各服其色（见图6-1）。八旗服饰中军服由铠甲和戎服组成，形制上一脉相承，并没有太大的变化，在冷兵器时代兼顾了审美性和功能性，显示出了民族特色和高超的工艺，具有鲜明的时代特征。因功能区分的需要，八旗军服一改军服沉闷、朴素的颜色属性，开始使用代表不同旗的明快色调，在特殊功能的前提下，形成了独特的风格，成为满族的独特符号性代表，这一服饰风貌影响了民间服饰的潮流和发展，成为满族特有的文化现象。

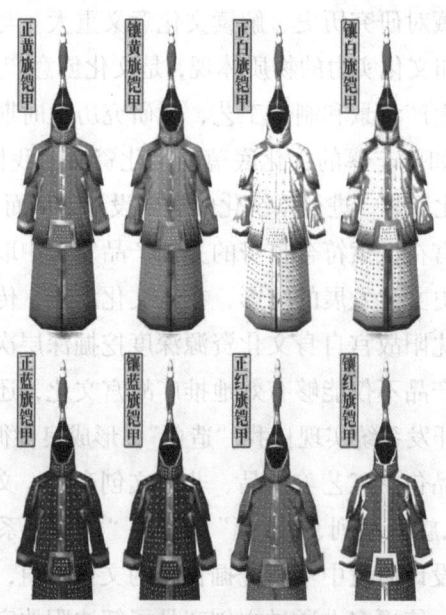

图6-1 八旗服饰

满族女子的服装深受民族传统的影响,她们的服装颜色大体与八旗服饰色彩体系保持一致,以红、黄、蓝、紫为主,色彩浓郁明亮,多以镶嵌或是刺绣的手法作为装饰,图案则多选择自然界中常见的动植物。

(二)清宫服饰

满族的服饰首先考虑到功能性——御寒和骑射的需求,服饰多承袭长袍马褂的传统,箭袖并且束腰,更便于大幅度动作。现存清代帝后服饰最早期的当属皇太极的袍服,共有两件,分别收藏于北京故宫博物院和沈阳故宫博物院。藏于沈阳故宫博物院的皇太极御用袍服(见图6-2)是一件常服,面料为香黄色暗玙字锦地云龙纹缎,月白色暗花丝绫为里,里、面之间絮薄棉。领口、袖口的位置有石青地织金云龙妆缎镶边。捻襟(大襟)、圆领、马蹄袖,领、襟处钉有四枚小圆铜扣,是典型的早期满族男式长袍。

图 6-2 皇太极御用袍服

根据沈阳故宫博物院收藏的清宫服饰的传世实物、文献记载和图片,可以把主要色彩归为五大色系——黄、红、蓝、绿、紫,这五大色系也能反映出当时清宫服饰中所倡导的色彩体系。明黄和杏黄作为清代的皇家专用,是在服饰色彩中最为尊贵的颜色。这种颜色代表着统治者至高无上的地位,非皇上所赐,不可僭越礼制擅自使用黄色服饰。在我国的传统色彩中,红色被赋予了多种积极向上的意味,它不仅仅是胜利吉祥的象征,还有富饶昌盛的寓意。红色不仅被用于皇家嫁娶中,皇帝在日坛祭日时也要穿着大红色的朝服。蓝色是清宫服饰中使用最为广泛的颜色。尤其是石青色，不仅是中国特有的传统色彩，更是后妃常服中的常见颜色。沈阳故宫收藏的清品月缎彩绣折枝桃蝶女夹袍（见图6-3），品月缎即淡蓝色缎面，是蓝色系中的一种色彩。这件女夹袍通体绣折枝桃花及蝴蝶纹样，圆领为装饰，蝴蝶相对而飞，有"喜相逢"的寓意。袖口粉红色缎地彩绣桃花、蝴蝶、浅绿地水墨绣蝙蝠纹、罗纹。衬袖镶浅绿地金鱼水藻纹绦，外缘蓝地斜卍字织金缎边。

图6-3　清品月缎彩绣折枝桃蝶女夹袍

清代宫廷便服是服饰形制中款式最为多样、色彩最为绚丽的服装。绿色作为黄色和蓝色的中间色调一般不在礼服中使用，而是多用于便服中。紫色云气纹多代表祥瑞、高贵，紫色系一度被皇权专用，官吏军民除黄色外同样不允许使用紫色。这些色系中又衍生出不同明度、饱和度的色彩。提取满族服饰元素的过程中不仅要关注图像细节，也要重视对色彩的提取与应用。

三、服饰元素在文创设计中的运用

八旗服饰具有鲜明的符号学意义，其自身的特殊图像特点与帝后服饰装饰图案同样为沈阳故宫文创设计提供了丰富的设计素材和创作灵感。将这些设计素材进行解读、解构、重组，构成独特审美的符号，重新投入文创设计中，进行开发利用，充分表达细节的精髓，体现满族传统文化的奥妙。服饰元素运用在文创设计中应注意以下几个方面。

（一）分解重构纹样与色彩

　　设计中分解重构的创意设计方法是最为常见的创作方式。通过打破原有的素材完整性，提取新的创意设计元素，重新构建图像组成新的图形符号。这种方式充满了创意和趣味性，使用在文创用品的设计上，能够在现有的文物材料基础上源源不断地获得新的灵感，制造不同的产品，也能够在同源的文化上产生全新的多样化的视觉体验。一件文创产品的成功与否，先决条件是其是否能够具有特定的文化内涵和象征意义。只有准确地提取文物中的细节元素并将其符号化，才能够加强对其背后文化含义的表达与传播，才能够更好地促进消费者领会文创产品背后所要表达的意义。在这个基础上实现产品与消费者的交流与互动。

　　在分解重构的过程中，纹样与色彩同等重要，在服饰元素中将文物的色彩、装饰图案、造型等元素提炼出来将其符号化，并在产品的外在表现上赋予一定的文化寓意，这样才能够达到传播的目的。沈阳故宫博物院的"大红缂丝"系列文创产品（见图6-4）就是符号化设计的经典案例，从沈阳故宫院藏的吉服清大红缂丝八团金龙单袍中提取元素——八团金正龙、彩云、暗八仙、金喜字、海水江崖纹、八宝立水，经过全新的组合使用在皮包、帆布袋、文件夹、冰箱贴上。这种提取符号的设计方法，不仅还原了文物精湛工艺的内涵，而且赋予了新的文创产品趣味性。

图6-4 "大红缂丝"系列文创产品

（二）系列化研发

　　模块化设计手法是在产品设计中实现系列化产品、更好地提升品牌效应最行之有效的手法之一。模块化设计不仅能够提高素材的使用率，并且能够最大限度地扩大文化内涵的影响力。模块化设计有两种理解：一是在文创产品开发中，将文物元素提取出来，无论是色彩还是装饰图案，以系列的方式推出产品，可以大大提升装饰性和趣味性，又可以扩大产品品类的开发，模块化的元素提取和使用能够衍生出更多的文创产品；二是将文物的基本色彩、装饰、造型、背景等构成元素提取并将元素构成体系，在使用过程中进行抽象化的设计处理并任意组合，可以极大程度丰富文创产品的设计素材。例如，沈阳故宫博物院的多个系列文创产品在同一系列当中不断扩充产品类型，极大地提升了品牌的影响力，推动了传统文化的传播。沈阳故宫推出的八旗系列文创产品（见图6-5）就是系列化研发的典型案例。其根据八旗服饰的造型特点和颜色特点，提取设计元素，用全新的动漫式表达，趣味性地做到了文化传承与创新。八旗系列的可爱形象不仅运用到了系列文具上，而且运用在了服饰、水杯、钥匙链等多款产品之上，成为消费者津津乐道的文创纪念品。

图6-5　八旗系列文创产品

　　沈阳故宫博物院院藏清宫服饰反映了清前期服饰工艺与色彩运用的整体水平，八旗服饰又极具满族文化艺术风格和时代特征。纹样的内涵、构图，以及色彩的使用，都是沈阳故宫文创设计的重要的前提，通过提取和再创造的设计手法传承满族服饰的含蓄典雅、清宫服饰的雍容华贵是文创设计研发的意义所在。深入挖掘满族服饰文化，保留民族色彩特征，开发出更多结合实用性与创新性的新产品，是沈阳故宫文创的长期课题。

第二节　荆州博物馆的"楚文化"文创产品设计

一、荆州博物馆文创产品概述

荆州博物馆地处湖北荆州，它占地约5万平方米，环境优美、馆藏丰富，同时还具有独特的地域特色，是一座地方性的综合博物馆。这座博物馆中陈列着大量文物珍品。截至2021年，馆内收藏有青铜器、玉器、陶器等各种门类的藏品19.6万余件，尤以楚国历史上著名的楚墓中随葬的大量青铜礼器最为珍贵。1994年，荆州博物馆荣获全国地市级"十佳博物馆之首"的称号，彰显了其卓越的文化价值和历史意义。在荆州博物馆的考古挖掘工作中，超过12万件从新石器时代晚期至明清时期的珍贵文物得以挖掘出土。其中包括战国丝绸、吴王夫差的武器矛、战国与秦汉时期的漆器，还有一些简牍等，彰显了其卓越的文化价值和历史意义。

荆州博物馆有着丰富的物质馆藏资源和深厚的文化底蕴，然而，该博物馆在文创产品的开发方面存在着一些问题。下面进行简要分析。

A. 重视不够，缺乏系统规划。荆州博物馆虽藏品数量众多，但因缺乏资金支持，对文创产品的开发投入力度较小，并没有对博物馆的文创产业进行系统的规划。

B. 荆州博物馆的文创产品缺乏独特的地域特色，其开发能力亟待提升。目前，荆州博物馆中大部分是可以在全国范围内售卖的产品，所收藏的旅游纪念品种类并不全面，文物复仿制品占据了相当大的比重，因此纪念品商店所售卖的物品并不能充分体现荆州地区的特色。

C. 价位两极分化，无分层开发意识。荆州博物馆高端藏品复制工艺品价格非常昂贵，而低端产品制作又粗糙低劣，无法激起消费者的购买欲望。品类单一，无法满足不同层次的游客购物需求。应根据游客的需求（如衣食住行）来打造一系列的旅游纪念品，真正做到以人为本，服务于游客。

D. 由于缺乏品牌意识，产品的陈列呈现出零散无序的状态。荆州博物馆的文创产品陈列呈现出零散的状态，缺乏对博物馆形象和历史文化内涵的充分展现，没有真正地使游客融入真实的情境中去，也没有建立起相应的品牌。

二、"楚文化"头脑风暴

通过对荆州博物馆的文创产品开发进行分析，我们可以发现，其核心问题是缺少具有楚文化特色的文创产品，且系列感不强。基于此，笔者以"楚文化"为核心展开了头脑风暴，分别从非物质文化遗产、物质文化遗产、文化精神和纹饰四个维度进行，分析典型的"楚文化"元素。

经过分析，笔者初步整理筛选了八个方向，其产品品类和对应的文化分别是：A. 棋牌——三国文化；B. 笔记本——屈骚文化；C. 文具——一鸣惊人；D. 食品模具——文物；E. 笔架——漆神树；F. 绘本——纹饰；G. 茶具——高山流水；H. 其他。

三、荆州博物馆文创商品设计实践

（一）设计品类定位

荆州博物馆的楚式漆器品类丰富，包含生活的各个领域，如酒具、家居产品、装饰摆件、祭祀器具等，且实用性与审美性相结合。另外，荆州博物馆学习型游客较多，对具有文化性、实用性和纪念性的产品需求较高，对文物造型进行提取后可以将文创产品定位为文房用具——笔架。

1. 文房用具的解析

文房最初只是指文人的书房这一特定的场所，这一名称大约在南北朝时期开始出现。文房用具有很多种类，不只包括平日里常说的笔墨纸砚四类，还包括笔架、笔洗、笔筒、书镇、臂搁、墨盒、墨床、印泥、印盒、图章、裁刀等，文房用具在明清时期已经发展到了相当完备的程度，它们都是书房必不可少的物品。文房用具最初只是单纯的实用器具，后来随着时间的推移、社会的发展，人们对其要求也越来越高，到了明清时期，文房用具逐渐演变为文玩物品，将实用与艺术完美融合在一起。这一时期出现了大量精美而又精巧的文房用具，受到人们的广泛喜爱。在古代器物的设计中，文房用具以其独特的艺术语言和深厚的文化内涵，扮演着不可或缺的重要角色。

随着时代的变迁，现在只有一小部分人对于文玩有着特殊的喜爱，更多的人对其没有那么关注。文房用具的设计已经深深地印上了时代的烙印，成为一种独特的时代产物。文房四宝是我国特有的文化艺术瑰宝，具有深厚而又独特的文化底蕴，其设计深刻地体现了中国古人崇尚天人合一、崇尚自然的哲学理念。

2. 楚式漆器与文房用具的关系

楚式漆器是楚文化的典型代表，蕴藏着十分丰富的楚文化内涵。以文房用具作为载体来对楚式漆器文化进行文创产品设计，能够更好地传播楚文化，展现出较强的文化性。楚式漆器中蕴含着浓厚的老庄思想，文房用具中也蕴含着崇尚自然、天人合一的哲学思想，二者结合到一起，从设计层面上来说，能够达到设计需求的相互统一。

（二）设计元素的提取

1. 造型元素来源

针对楚文化进行文创产品设计，其灵感来源就是漆神树，这是一棵从战国中期的卿大夫或封君级别的大型楚墓中出土的陪葬品，其原型就是大自然中的一棵树，其包括两大部分，分别是底座和神树。底座是方形的，用来栽插神树，之所以为方形，相关专家学者认为这与中国古代"天圆地方"的宇宙观具有密切关系。神树也包含两部分，即主干与树枝，神树的主干下方较粗，上方稍细，呈现出自然的弯曲状，主干的中部以上是茂密的树枝，纵横交错、形态各异。在树枝的梢头、树杈及主干末端等部位安置与雕刻着许多动物，包括猴子、豹子、鸟、螺等，大概有28只。漆神树是楚国神树唯一的完整实物标本。

在楚文化中，楚国是一个"信巫鬼，重淫祀"的国度，漆神树是楚人心目中的神树，是楚人在巫术活动中使用的一种工具，它的主要作用是沟通天地人神，是楚人神树崇拜的一种至关重要的表现形式。

2. 整体造型说明

在对楚文化文创产品进行设计时，可以以漆神树为原型，设计一个笔架。笔架分为上下两部分，其中上部分为笔架的主体部分，主体部分也可以分为两部分，这两部分分别是主杆和侧杆，其中主杆用来承重，侧杆用来挂笔。侧杆共有五根，其顶端雕刻五种动物的头部，分别为凤、龙、鸟、鹿、虎，这些动物之间自然衔接，呈现出简约而圆润的风格，依据楚人的图腾信仰——"尊凤、贬龙、贱虎"[①]来安排这几个动物的顺序。

---

① 张正明：《楚文化史》，湖北教育出版社2018年版，第174页。

3. 图案装饰元素来源

在设计笔架的图案装饰时，要依据楚人的文化与信仰来选择合适的图案。在楚人的心目中，他们的祖先祝融被视为火神，因此，楚人将火视为神灵，又由于传说之中凤凰可以涅槃重生，是不死神鸟，因此，在楚人看来，凤凰也就是火的象征，他们崇尚凤凰，认为它可以指引人们死后的魂灵。在楚文化中，凤被视为至高无上的存在，张正明在《楚史》里这样说道："楚人尊崇凤，也就是尊重自己的祖先；楚人钟爱凤，也就是钟爱自己的这个民族。"[①] 楚人在制作某些东西或绘制某些图案时，常常会使用凤的图案，这也展现了他们独特的文化特色。因此，在楚式漆器上也可以见到大量的凤的装饰图案。在设计笔架图案时，其正面就可以绘制凤纹饰，展现出楚文化的色彩。

（三）设计原则及理念

1. 秩序性设计

楚文化的图腾信仰是"尊凤、贬龙、贱虎"，依据这个图腾信仰来对笔架的侧杆进行秩序性设计，使侧杆之上的动物造型摆放有一定的秩序性，其顺序为凤头、龙头、鸟头、鹿头、虎头，这是顺着主杆的顶端往下摆放的，其中在最上方的是凤，在最下方的是虎。在楚式漆器之上，最为常见的纹路图案是凤纹，还有一些比较常用的图案，如卷云纹、S形纹、花枝纹等，龙纹在楚式漆器中也是可见的，但是相比凤纹较少。"贱虎"这一楚风俗在楚式漆器代表作——"虎座飞鸟"中得以充分体现。还有一种说法，虎是楚的敌人——巴的图腾，凤鸟立于其上，暗示着巴臣服于楚。因此，在楚文化文创产品的设计中应尊崇楚文化信仰。

2. 收纳性设计

考虑到笔架的体积和形态，为了方便运输和携带，还需要在对笔架进行设计时遵循收纳性设计原则。因为，通常情况下，笔架的体积偏大，形态也比较立体，占用空间较大，而且也不便于运输。对其进行收纳性设计，主要体现在两个方面：一是组装方式的优化，二是携带方式的优化。在组装方式上，这个笔架是可拆卸的，拆卸之后占用空间比较小；在携带方式上，笔架的方形底座为存放提供了方便，同时也起到了支撑的作用。

3. 设计思想

与西方国家相比，中国哲学和中国艺术的独特之处在于，它们将天人合一的

---

① 吕少民主编：《中国纹饰鉴定图解》（上册），研究出版社2019年版，第201页。

理念融入其中，这是其最显著的特征。在我国古代文化中，天人合一的思想具有重要地位。庄子是最早阐述这一思想观念的人。《庄子·达生》曰："天地者，万物之父母也。"《易经》中讲究"三才之道"，将天、地、人并立起来，并将人放在中心地位，这就说明人的地位之重要。天有天之道，天之道在于"始万物"；地有地之道，地之道在于"生万物"；人不仅有人之道，而且人之道的作用就在于"成万物"。[①]楚人在设计漆器时往往会从传统的《易经》和庄子思想中汲取灵感，从而形成楚式漆器艺术的精髓，即天人合一。

这款笔架的造型别具一格，呈现出树状的整体造型，底座为方形，上方有五个侧杆，侧杆上分别是五个不同的动物，其排放顺序与楚人的文化有关。底座为方形，象征着"天圆地方"的宇宙观，侧杆均匀地分布在"树"的主杆上，其中的五个动物从整体上展现出自然界的和谐，整个笔架的设计造型展现出楚式漆器的造物美学，体现出天人合一的哲学思想。

第三节 景德镇陶瓷文创产品设计

近年来，景德镇陶瓷文创产品不断发展，越来越受到人们的关注，是与中国传统文化相融合的又一个比较好的例子，到目前已经发展出多个品牌。下面，针对其中的两个品牌进行简要分析。

一、景德镇古窑民俗博览区陶瓷文创产品

景德镇古窑民俗博览区是景德镇陶瓷品牌的一种，它主要分为两部分，这两部分分别有着不同的功能，一部分是古窑，一部分是景德镇民俗博物馆。古窑主要是指古代历朝历代的各种制瓷作坊及制瓷作业线等的展示，展现了我国古老的制瓷和烧制工艺，让人们身临其境，仿佛置身若干年前的制瓷现场。景德镇陶瓷民俗博物馆中还供奉着编纂《陶冶图说》的督陶官唐英，以及被称为窑神的风火仙师童宾，这些都是十分珍贵的非物质文化遗产，向世人传播了中国古代景德镇的一些制瓷的相关习俗与传说，丰富了景德镇的传统文化，使人们能够从多个角度全面了解景德镇的历史文化。近年来，习近平总书记在许多重要场合多次提及"让收藏在博物馆里的文物、陈列在广阔大地上的遗产、书写在古籍里的文字都

---

① 梁庄、李长筑：《易极：周易补注》，华龄出版社2017年版，第240页。

活起来"[①]的理念。因此，景德镇古窑博览区应深入探究、挖掘文化遗产，并对其展开创新与运营工作，使其能够适应现代社会的需求，与时俱进，丰富旅游业态，促进文化产业的发展。文化创意设计为景德镇古窑民俗博览区注入新的活力，为人们的生活提供服务。

通过对景德镇古窑民俗博览区进行深入观察、分析与探究，我们可以更加深入地了解其历史文化，并将其历史文化融入文创产品的创作中，从而创造出具有浓郁民族特色的文创产品。在这个过程中，我们可以将古窑本身所蕴含的文化底蕴与现代时尚相结合，使其更有生命力，也让人们对其产生兴趣，从而达到更好的宣传推广的效果。在景德镇古窑民俗博览区中，有一个比较好的文创产品就是"窑窑领先之五福娃娃"（见图6-6）。它们是一种拟人化的形象，十分可爱，是以复烧的窑口为灵感创作而成的，反映了窑神的文化传说。五福娃娃作为古窑IP中的经典形象，其内涵是以中国传统文化中的"福""禄""寿""喜""财"等吉祥文字为基础的，它们将中国五行元素巧妙地融合在一起，具有丰富多彩的内涵，也为人们带来了美好的祝愿，同时也是古窑文化精神与现代审美相结合的体现。景德镇古窑民俗博览区内的陶瓷文创玩偶，如风火仙师童宾、督陶官唐英等形象，是古窑文化精髓的杰出代表，它们以灵动、可爱的形态助力陶瓷文化的传播，具有浓厚的文化性和生活性，同时也能够使大众容易理解，让消费者感受到古窑陶瓷的独特历史气息与魅力。

图6-6 "窑窑领先之五福娃娃"

[①] 江彦桥、胡银平主编：《奉献中国》，上海教育出版社2021年版，第83页。

随着时间的推移，社会不断向前发展，设计思想也在不断地创新与进步，现在是"一切皆可 IP"的时代，在设计古窑陶瓷文创产品的过程中，设计团队也在不断寻求与其他造型、材质、图案等不同文化元素相融合，从而更好地传承传统文化。对于古窑 IP 文化来说，可以设计如刀字纹样的充电宝、葫芦瓶形状的钥匙扣等文创产品，使之更贴近百姓的生活，更好地普及开来。

二、景德镇中国陶瓷博物馆陶瓷文创产品

大约在 20 世纪八九十年代，我国就已经开始对博物馆文化产业进行探索了，但是，由于经济、科技等多方面的原因，当时的博物馆文化产业的文创产品的设计十分简单且存在同质化现象，对博物馆文化产业的探索还只是停留在表面层次，没有探索到深层次的文化内涵。

后来，这种思维模式开始发生转变，领头羊就是北京故宫博物院，他们以文创设计的形式表现"国潮文化"，创造了博物馆文创产业的新篇章。从这时候起，景德镇中国陶瓷博物馆也开始寻求转变，其文创产品迎来全新的发展机遇。

景德镇中国陶瓷博物馆内有着许多文物，这些文物承载着千百年来的历史，展现了景德镇千年制瓷的发展历程。景德镇的陶瓷文创产品设计受益于该博物馆所收藏的丰富文化资源及其历史文化价值，这些实物依据为创意灵感提供了坚实的支撑。景德镇的陶瓷文创产品设计既是对传统陶瓷工艺的传承与发扬，也是对陶瓷艺术文化内涵的一种诠释。在进行文创产品设计时，可以优先选择民众了解程度较高的文物文化作为文创产品的主要展示方向。

例如，景德镇中国陶瓷博物馆曾经推出一款文创产品叫作"福如意"，其灵感主要是清乾隆青花葫芦纹葫芦瓶，在这个瓷瓶中提取经典的纹饰造型，然后对其进行解构重组，再运用到文创产品中。这个文创产品的整体形状就是葫芦的形状，还可以对它进行拆分，拆分之后就可以变成一套茶具。

另外，随着社会的发展，汉服受到了许多青少年的追捧。景德镇中国陶瓷博物馆就推出了一款汉服，在汉服服饰之上，有着从清康熙青酱釉花卉大碗中提取的花卉纹样。陶瓷图案纹样与汉服相结合，是一个不小的创新，能够更好地传播陶瓷文化，展现东方传统美学。

第四节 河南豫剧脸谱文创产品设计

下面以河南豫剧脸谱为例,深入探讨河南豫剧脸谱这一优秀传统文化与文创产品的融合问题,重点探讨在文创产品设计中充分利用地域文化元素的方法,以使地域文化元素能够在文创产品设计中发挥更加重要的作用,实现新时代文创产品产业的蓬勃发展,为文创产品设计增添更多的活力。

一、地方戏曲与文创产品设计相融的好处

中国地域辽阔、气候多样,地域文化也是多种多样的,这些丰富多彩的地域文化是在该区域的自然和人文环境相互作用下形成的,在多种物质条件的基础上蓬勃发展,呈现出独具特色的面貌。中国的地域文化是在漫长的历史进程中逐步形成的,需要经过不断的演化和发展。随着时代的不断变化,地域文化也发生着改变,在秦汉时期,中国的地域文化基本格局已经初步形成,之后逐渐稳定。不同地域的人们由于受到不同地理环境及社会经济状况等因素的影响,其思想观念也不尽相同。随着时间的推移,国内不同地域之间的文化差异变得越来越明显,也越来越具有其独特性,能够展现出当地独特的生活面貌与风土人情。

作为一种源远流长的传统文化,戏曲在中国乃至全球范围内享有广泛的声誉,尤其是随着近年来我国经济发展和人民生活水平提高,越来越多的人开始关注自身艺术素养,对戏曲艺术也有了更深层次的认识和喜爱。豫剧作为中国五大戏曲之一,以其精湛的表演技巧和独特的艺术魅力,深受广大观众的喜爱和推崇。豫剧是一种古老而又富有魅力的民间艺术形式,其艺术特点主要体现在唱腔优美、表演细腻等方面。当提及豫剧时,人们脑海中浮现的是那些色彩斑斓的服饰和浓墨重彩的人物面容。要将豫剧融入文创产品设计之中,就必须对豫剧进行深入研究,然后将其中适合的符号元素提炼出来进行设计与创作,这样不仅可以传承和发扬优秀传统文化,也能推动地方经济发展。近年来,大量以豫剧脸谱为主题的文创产品涌现,这些产品带有十分浓重的地域文化特色,实现了地方戏曲文化与文创产品设计开发的良性互动,为文化创意产业注入了新的活力。

(一)为文创产品提供设计灵感

地域文化往往蕴含着丰富的内在意义,为文创产品提供了源源不断的设计灵

感,将地域文化与文创设计进行结合可以有效地提升其艺术价值和商业价值。在地域文化背景下,将地方戏曲与文创产品设计相融合,不仅能够满足人们日益增长的精神需求,也能促进地区经济发展,文创产品得以呈现出多样的类型和丰富的内涵,从而在文创产品市场上拥有相当的竞争力,以有效避免市场上同质化问题严重的影响。

(二)有利于传承与弘扬地域文化

中国地域文化具有多样性,在现代社会发展中,传统地域文化越来越受到重视,地域文化的传承是对不同地域居民的尊敬,因此,对于地域文化的传承和弘扬,具有至关重要的意义。在文创产品的生产过程中,巧妙地将地域文化元素与产品融合,呈现出独特的地域特色,在销售这些产品时,也能够更好地对地域文化进行传承和弘扬。在文创产品的设计过程中,相关部门应该积极参与其中,发挥自己的专业能力和创造力。另外,为促进文创产品的设计与销售,相关部门应当出台相关政策,对其予以扶持。将豫剧文化融入文创产品的设计中,不仅能够提升文创产品的审美价值和经济价值,同时也有助于推动非物质文化遗产的传承和发展,以彰显其独特的魅力。

二、将河南豫剧脸谱地域文化融入文创设计的实践策略

地域文化元素在文创产品中的运用不是简单地将二者相加,而应讲究一定的原则,强调意境美的塑造和文化元素的有机融合。只有这样,文创产品才能够具有强烈的地域色彩,传达特殊的情感。

(一)分析传统戏曲元素,明确设计原则

第一,需要遵循创新性的原则。在进行文创产品设计时,并不是照抄照搬,而是要选取其中合适的内容并加以创新,设计师在将传统戏曲元素融入文创产品设计之时,不能仅仅只是简单地对其进行复制或转移,他们必须具备对戏曲文化元素进行艺术化加工处理的能力,这是这一原则所要求的。设计师应该深入学习豫剧文化,提高自己的戏曲文化修养,同时也不能囿于传统戏曲文化元素之中,而是要跳出传统的设计思维框架,用一种比较富有创造性的设计思维来进行思考,采用一种比较新颖独特的形式来设计文创产品,从而彰显豫剧文化的独特魅力,提升消费者的情感体验。

第二，要遵循独特性的原则。豫剧艺术不仅具有深厚的文化底蕴，而且还具备独特的艺术魅力，是我国优秀传统文化不可或缺的一部分。因此，在运用传统豫剧元素进行文创产品设计时，设计师必须对其进行深入剖析，找到文创产品的独特之处，打破单调的设计模式，使文创产品得以传递更为丰富、更为独特的信息，同时还要尽可能直观地使消费者能够感受到文创产品中的戏曲文化与产品信息之间的互动性。

第三，应当遵循艺术的原则。豫剧是我国传统文化当中极具特色的一部分，具有较高的艺术价值与历史意义，也深受人们喜爱。对于消费者而言，文创产品最为吸引人的地方在于其独具匠心的外观设计，它为消费者带来了无限的想象空间。因此，在文创产品设计过程中融入豫剧相关元素，也要考虑到这一点，设计师可以结合自身所掌握的专业知识和文化知识，通过创意化、个性化的方式来完成创意设计，凸显出豫剧艺术的独特性，使其符合现代人的审美需求，并且能够吸引更多人的关注，以激发人们的购买欲望。

（二）打造年轻态的豫剧文创产品

目前，随着经济全球化趋势日益加剧，西方的多元文化逐渐传入我国，这对中华传统文化造成了一定的冲击，豫剧的生存面临着挑战。在这种情况下，由于观众对豫剧的认知度不高，作为一个地域性极强的剧种，其传承与保护也受到了影响。要解决这个问题，就需要扩大豫剧文化的受众范围，吸引更多年轻人的关注。因此，设计师应当在豫剧文创产品设计中采用多样化的设计形式，以赋予文创产品更多的时尚感，使其能够符合当今大多数年轻人的审美需求。目前，豫剧文创产品大多是传统豫剧人物脸谱造型，如俊扮和花脸，脸谱造型过于夸张，缺乏创新。在豫剧文创产品的设计中，设计师可以将河南方言、说唱曲艺、民间故事等独特元素融入现有豫剧脸谱人物形象的设计中，以二次设计的方式呈现出现代感和时尚感，从而让消费者不仅能够关注脸谱，还能够感受到河南其他文化的特征。例如，在设计"花脸啤酒"这一品牌时，设计师就充分考虑了这一点。雪花啤酒的某系列啤酒包装中，巧妙地融入了京剧脸谱元素，这款"花脸啤酒"一经面世，立刻引起了广大消费者的瞩目，深受年轻消费者的喜爱。还有北京故宫博物院推出的一系列文创产品，也体现了年轻态的特点，设计师巧妙地将京剧脸谱融入书签、U盘、文具盒等产品中，也得到了很多年轻人的喜欢。总之，通过对这些优秀案例进行分析研究，我们发现，它们都能够很好地将京剧文化运用到文创产品设计中去，并取得了不错的效果。因此，在豫剧文创产品的设计过程中，设计师可以汲取以上成功案例的经验，将豫剧脸谱等元素有机地融入更多领域中，从而打造出更加年轻态的文创产品。

（三）注重色彩和材质元素的合理使用

对于大众来说，很多戏曲都有着不同的脸谱，脸谱上有着各种图案与色彩，但是大众对于脸谱的了解并不够深刻，对此并没有形成很深刻的认知，这就会使人产生强烈的陌生感和距离感，不利于增强人们的购买欲望。因此，在进行文创产品的设计时，设计师需要深入挖掘豫剧脸谱的表现要素和主要特征，剔除其中比较烦琐的部分，对其进行简化，提炼其中比较主要的元素和符号，在这个基础上，充分展现豫剧脸谱所具备的独特性与亲和力。在文创产品设计中，色彩与材质十分重要，它们能够吸引人们的注意力，同时也能够展现文创产品的设计水平与艺术价值。豫剧脸谱作为一种具有鲜明地域特色和独特审美内涵的民间美术样式，它所体现出来的文化意蕴及蕴含的情感特质，不仅能够丰富文创产品的内容和形式，也能增强产品本身的美感。在针对豫剧艺术进行文创产品的设计时，设计师要注重色彩的合理运用，在豫剧中有"上五色"和"下五色"之分："上五色"主要指豫剧脸谱中最传统、最基本的色调，包含红、绿、黄、白、黑五色；"下五色"主要有湖色、秋香色、粉色、紫色及蓝色。上、下五色主要用来展现场景与人物，以达到更加丰富和生动的效果。这些色彩皆蕴含着独特的象征意义，如红色象征着纯真、烂漫，绿色象征着不屈不挠的精神和内心的暴躁情绪，紫色象征刚正、稳练。因此，在进行文创产品设计时，设计师要充分考虑各种颜色的搭配，以实现不同人物或事物的造型特征和情感表达，更灵活地展现多样的人物。豫剧的脚色行当有生、旦、净、丑，这些不同的形象脸谱需要使用不同的颜色来呈现，这样比较直观明了，能够更好地被人们区分。在材料的选择上，要合理选择，要符合创意、美感、精致等原则。一般而言，设计师可以挑选那些质量比较好的包装材料，它们要具备一定的耐磨性和承重性，同时还要具有耐折性，以便与豫剧文化相契合，使之具有较好的质感，并提升消费者对文创产品的评价。同时，设计师在选择材料时，还应当秉持绿色环保的理念，尽可能地采用可持续利用、无污染的材料，以减少资源的浪费，这样也能够更加符合人们的审美需求，为豫剧的传承提供更多支持。

（四）尝试进行地域文化的深层次融入

豫剧的脸谱元素十分丰富，在当前的市场环境中，豫剧脸谱已经成为重要的旅游纪念品，其价值和意义不言而喻。在豫剧脸谱文创产品设计过程中，设计师需要吸纳更多领域的文化元素，并将其融入其中，从而实现多元文化的有机融合，这是设计师应该努力追求的目标。第一，设计师要将文化意蕴融入其中。在文创产品的外观中融入文化意蕴，能够更好地丰富其深层次的文化内涵，将河南地域文化元素转化为可视、可触、可感的现实形态，从而对其内涵进行深化。第二，领略情感故事的魅力所在。故事是一种情感表达的载体，故事能够激发受众对事物的兴趣与关注，进而产生联想和想象。通过将豫剧脸谱所蕴含的内在精神转化为故事形态，设计师能够对其进行艺术化的创造，从而充分发挥文创产品的文化传播功能，使其更容易被大众接受。

总之，在对豫剧艺术进行文创产品设计时，设计师应该将地域特色元素融入其中，以确保最终产品的地域特色更加鲜明，这样能够让消费者对产品产生亲切感，从而提高其购买欲望。同时，将地域文化元素运用到豫剧文创产品设计之中，还可以更好地实现对地方传统文化的传承与创新。

参考文献

[1] 孙丽君、李军红、李海燕主编：《文化创意产品开发》，北京师范大学出版社 2019 年版。

[2] 黄佳：《湖湘文化与创意产品设计研究》，吉林出版集团股份有限公司 2021 年版。

[3] 黄言涛、姚伟主编：《文化创意产品项目实训教程》，西安电子科技大学出版社 2020 年版。

[4] 刘晓东、徐琪：《文化创意产品价值共创》，人民出版社 2018 年版。

[5] 湖北省博物馆编著：《湖北省博物馆文化创意产品图录》，科学出版社 2019 年版。

[6] 王秀伟：《文化授权：博物馆文化创意产品开发的理论与实践》，经济管理出版社 2021 年版。

[7] 陈睿、杨永忠：《互联网创意产品运营模式："互联网＋文化创意"的微观机制》，经济管理出版社 2016 年版。

[8] 白远：《中国文化创意产业发展与产品内外需求》，经济管理出版社 2016 年版。

[9] 吴存东、吴琼：《文化创意产业概论》，中国经济出版社 2010 年版。

[10] 楚一泽、陈祖芬：《互动解谜类档案文创产品的开发初探》，《浙江档案》2023 年第 3 期。

[11] 谭铁志、戴晶晶：《文化创意产品设计方法与戏曲视觉表达》，《艺术教育》2014 年第 4 期。

[12] 何萌、张荣红、侯思敏：《基于数字技术的荆楚文创产品设计研究》，《设计》2023 第 4 期。

[13] 周屹、韩甜甜：《情感设计因素下的文创产品创新设计》，《湖南包装》2023 年第 1 期。

[14] 张一博：《地域文化元素融入河北博物院文创产品开发与设计研究》，《文物鉴定与鉴赏》2023 年第 4 期。

[15] 李瑞：《让文创产品"活"在市场》，《文物鉴定与鉴赏》2023 年第 4 期。

[16] 刘明晗:《非遗元素在文创产品中的应用》,《赤峰学院学报（汉文哲学社会科学版）》2023年第2期。

[17] 郑格槿:《文创产品中构成设计的重要性分析》,《河南农业》2023年第6期。

[18] 郭恺:《传统视觉元素在文创产品包装设计中的应用》,《绿色包装》2023年第2期。

[19] 赵沃林:《国内戏曲类文创产品设计研究综述》,《美与时代（上）》2023年第2期。

[20] 刘益祯、陈培祺、莫李治等:《文创产品设计的情感表达》,《陶瓷科学与艺术》2023年第2期。

[21] 郭俊楠:《安阳殷墟博物馆文创产品包装设计》,《中国包装》2023年第1期。

[22] 王赛兰:《文化认同或设计认同：旅游文创产品的消费意愿研究》,《西南民族大学学报（人文社会科学版）》2023年第1期。

[23] 周广辉、任继璇、虞思琪等:《西藏非遗文化文创产品营销策略研究》,《现代商业》2023年第1期。

[24] 谭宜敏:《文旅融合下公共图书馆文创产品发展及启示探析》,《办公室业务》2023年第1期。

[25] 付文涛:《探索3D打印在粤中南地区旅游文创产品的设计与应用——以番禺南双玉村为例》,《艺术市场》2023年第1期。

[26] 夏远娟:《科普文创产品的发展及创新路径研究》,《科学教育与博物馆》2022年第6期。

[27] 易昀妡:《中国博物馆文创产品的创新之路》,《科学教育与博物馆》2022年第6期。

[28] 林煜钦、林丽霞:《故宫文创产品的促销策略研究》,《老字号品牌营销》2022年第24期。

[29] 赵宇波:《公共图书馆文创产品开发的优化建议》,《吉林省教育学院学报》2022年第12期。

[30] 王琛:《博物馆文创产品的开发设计》,《艺海》2022年第10期。

[31] 李睿晗、崔茵:《文创产品中瓷文化创意产业发展分析》,《陶瓷科学与艺术》2022年第10期。

[32] 李芯然:《基于IP化视角的校园文创产品开发模式研究》,《中国商论》2022年第17期。

[33] 岳雅君:《我国旅游文创产品的设计思想及设计策略的创新性》,《鄂州大学学报》2022年第5期。

[34] 赵祎程:《符号学语境下的故宫文创产品设计研究》,《天津美术学院学报》2022年第4期。

[35] 田雨:《纸质文创产品的设计思路与应用研究》,《造纸装备及材料》2022年第8期。

[36] 蔡宗贵:《刍议民俗文化在乡村文创产品设计中的应用》,《科学导报》2023年4月25日第B03版。

[37] 晏恺嫱、韦景耀:《电影衍生文创设计对中华优秀文化传承探究》,《中国电影报》2023年1月11日第11版。

[38] 智春丽:《深耕文化土壤,助力文创升级》,《人民日报》2022年12月7日第11版。

[39] 付文:《精美灵动的文创产品这样产生》,《人民日报》2022年11月30日第10版。

[40] 薛林:《激发文创产品消费活力》,《经济日报》2022年11月14日012版。

[41] 舒静、施雨岑、韩佳诺:《博物馆文创产品频频"出圈"的背后》,《新华每日电讯》2022年8月24日第5版。

[42] 张婧:《文创设计师:顺应市场变化 增强设计体验性》,《中国文化报》2022年4月21日第7版。

[43] 唐卫、谢莹:《中国传统文化影视形象走进文创世界》,《中国社会科学报》2021年12月23日第7版。

[44] 张晓涵:《从大赛到市场,文创出圈前景可期》,《济南日报》2021年11月23日第4版。

[45] 孟哲:《文化创意产品如何才能实现长红》,《江苏经济报》2021年9月7日第A04版。

[46] 刘纯银:《文创产品要创新更要坚守底线》,《钦州日报》2021年9月7日第2版。

[47] 罗元涛、缪富霞:《让传统文化在文创产品中传承延续》,《贵州民族报》2021年7月15日第A04版。

[48] 张家祯:《文创产品让历史文物活起来》,《陕西日报》2021年5月13日第11版。

[49] 史晓菲:《文创产品呈现四大特点》,《消费日报》2019年9月16日第A02版。

[50] 郭士军:《从故宫文创到贵金属文创》,《中国黄金报》2019年2月26日第8版。

[51] 尤梦瑜:《文创产品"高人气"关键在于好创意》,《海南日报》2016年6月1日第A03版。

[52] 王巍:《推动文化创意产业腾飞》,《政府采购信息报》2006年9月29日第1版。

[53] 吴蔚喆:《楚漆器动物纹样的文化创意产品应用研究》,《艺术与设计(理论)》2021年第12期。

[54] 马文镰、罗洁:《基于非物质文化遗产的文化创意产品包装设计探析》,《今古文创》2021年第41期。

[55] 朱晓军、刘昕语、何倩倩:《非遗文化创意文创产品设计实践研究》,《农家参谋》2020年第22期。

[56] 裴瑶、崔华春:《"互联网+"背景下传统文化创意产品的开发与研究》,《艺术研究》2020年第4期。

[57] 邱秀梅:《文化创意产品的情感化设计研究》,《工业设计》2020年第7期。

[58] 吴冰:《论文化创意产品的设计创新》,《设计》2019年第17期。

[59] 吕滢娴、刘洋、韩鹏飞:《不同类型旅游小镇的文化创意产品开发设计研究》,《工业设计》2019年第9期。

[60] 李洋:《基于文化消费的传统节日文创产品设计》,《包装工程》2019年第14期。

[61] 吴婧、蒋迪、陈丽君等:《基于三维打印技术的创意文化产品设计实践研究》,《大众文艺》2018年第8期。

[62] 鲁志伟:《现代文化创意产品设计的现状研究》,《大众文艺》2018年第7期。

[63] 宋思潼、魏丰仪、杨凯等:《高校校园文化创意产品设计研究与实践——以南通理工学院系列文创产品设计为例》,《科技视界》2018年第9期。

[64] 汪思颖:《地域性文化创意产品设计研究进展》,《湖南包装》2018年第1期。

[65] 周剑峰、黄丽帆:《文化创意产品设计中的传统元素运用》,《美术观察》2018年第1期。

[66] 戴晶晶:《文化创意产品设计的多元方式探索》,《艺术教育》2017年第19期。

[67] 马振龙、赵鑫、张耀升:《民俗文化创意产品设计风格的创新表现》,《包装工程》2017年第18期。

[68] Guo Liqing, "Campus Cultural and Creative Products Design Research in Inner Mongolia Honder College of Arts and Sciences", *Frontiers in Art Research*, Vol.4, 2022.

[69] Lan Taihua, "Fuzzy Logic-Based Machine Learning Algorithm for Cultural and Creative Product Design", *Computational Intelligence and Neuroscience*, Vol.2022, 2022.

[70] Lu Zhongzhi, Nie Yuhan, "Research on Ceramic Cultural and Creative Product Design Based on Traditional Creative Thought-Taking Guilin Plum Vase as an Example", *Art and Design*, Vol.5, 2022.

[71] Zhao Zhonghua, "Digital Cultural and Creative Product Design of The Three Kinds of Carvings in Huizhou", *Art and Design*, Vol.4, 2021.

[72] Meng Xianzhe, "Optimization of Cultural and Creative Product Design Based on Simulated Annealing Algorithm", *Complexity*, Vol.2021, 2021.

[73] Kang Sheng, "Research on Culture and Creative Product Design Based on Computer-Aided Innovation from One Belt One Road Perspective", *Journal of Physics: Conference Series*, Vol.1744, 2021.

[74] Fu Xiaofang, "Online Education Practice of Cultural and Creative Product Design Course in Post Epidemic Era", *Basic & Clinical Pharmacology & Toxicology*, Vol.128, 2021.

[75] Wu Yinglu, "Design of Tourism Cultural and Creative Products Based on Regional Historical and Cultural Elements", *E3S Web of Conferences*, Vol.251, 2021.

[76] Cheng Hui, "Research of User-Centered Intelligent Technology in China's Cultural and Creative Product Design", *E3S Web of Conferences*, Vol.236, 2021.

[77] Ma Shiyu, Wang Hongsu, "Cultural and Creative Product Design Method Based on the Fusion of 5G Technology and Traditional Metal Craftsmanship", *Wireless Communications and Mobile Computing*, Vol.2022, 2022.

[78] Shen Jiumei, Zhou Ren, Shen Junjie, "Research on the Impact of Cultural and

Creative Product Design Teaching on College Students' Positive Psychology from the Perspective of Multiculturalism", *Psychiatria Danubina*, Vol.34, 2022.

[79] Yang Fan, "Evaluation Algorithm on Cultural Creative Products Design Fusing History Culture Emotion Expression", *Basic & Clinical Pharmacology & Toxicology*, Vol.126, 2020.

[80] Yang Fengqi, Wu Xin, "Influence of Campus Cultural and Creative Product Design on Students with Emotional Disorder", *Psychiatria Danubina*, Vol.34, 2022.

[81] Zhang Tiancheng, Chu Tieyi, "The Preliminary Study on the Application of Modern Advanced Processing Technique in Non-legacy Cultural and Creative Product Design—Taking Wuhu Iron Painting as an Example", *E3S Web of Conferences*, Vol.179, 2020.

[82] Hou Yajing, "Research on the Application of Emotional Design in Cultural Creative Product Design", *E3S Web of Conferences*, Vol.179, 2020.

[83] Deng Li, Wang Guohua, "Application of EEG and Interactive Evolutionary Design Method in Cultural and Creative Product Design", *Computational Intelligence and Neuroscience*, Vol.2019, 2019.

[84] Hsueh Sung-Lin, Zhou Bin, Chen Yu-Lung, Yan Min-Ren, "Supporting Technology-enabled Design Education and Practices by DFuzzy Decision Model:Applications of Cultural and Creative Product Design", *International Journal of Technology and Design Education*, 2021.